비즈니스 협상 모델의 탄생

에잇 블록 협상 모델

8-BLOCK N8M
NEGOTIATION MODEL
에잇 블록 협상 모델

오명호, 김양수 지음

A 애드앤미디어

에디터의 글

안병민 열린비즈랩 대표 (bit.ly/innoguide)

경영의 목적이 단지 매출이나 수익이 아니듯 협상의 목적 역시 상대를 밟고 서는 승리가 아니다. 상대를 압박하여 더 많은 걸 갖기 위함이 아니다. 협상은 장기적인 관점에서의 '상호 윈윈(win-win)'을 지향하는 창의적 프로세스다.

여기, 상호 이익과 협력의 균형을 찾는 과정으로 협상을 재정의한 책이 나왔다. '에잇 블록 협상 모델'이다. 이 책은 협상에 대한 기존 접근 방식을 완전히 뒤엎는다. 체계적이고 구조화된 새로운 협상 모델을 제시한다. 특히, '디지털 트랜스포메이션' 시대에 걸맞게 과학적 프로세스를 바탕으로 한 데이터 친화적 협상의 중요성을 강조한다.

이 책은, 전략적, 논리적, 창의적, 수학적 사고를 입체적으로 통합하여 협상에 접근한다. 단순한 협상 '기술'의 전달을 넘어선다. 협상 '철학'에 방점을 찍는다. 여덟 개의 협상 블록은 협상의 각 단계에 따른 최선과 최적의 액션가이드를 제공한다. 복잡한 협상 과정을 명쾌하게 풀어준다. 협상의 이론과 실전 사이의 간극을 메운다는 점이 책의 미덕이다. 두 저자의 깊이 있는 내공에 출판사의 기획 및 편집 역량이 더해진 결과다.

콘텐츠 에디터로서, 이 귀한 혁신 텍스트를 빚어내는 작업에 함께했다. 기쁨이자 보람이다. 모쪼록 '에잇블록 협상 모델'이 독자 여러분의 팍팍한 비즈니스 여정을 환하게 밝혀주는 따스한 가로등이 되기를 바랄 따름이다.

당신은 양치기 소년이다. 양 90마리를 시장에 내다 팔아야 한다.
가는 길에 큰 강을 만났다.
뱃사공이 제시한 운송료는 강을 건너는 양 숫자의 절반이다.
소년의 입장에서는 운송료로 지불해야 할 양의 숫자를 최소화하는 게 관건.
과연 몇 마리를 주는 게 최선일까?

배를 이용하지 않고 강을 건널 방법은 없다.
다른 배도 없다.
강을 돌아가려면 너무 멀다. 비효율적이다.

정답 30마리

30마리를 두고, 60마리만 강을 건넌다.
두고 온 양 30마리를 뱃삯으로 지불한다.

과연,
30마리가 최선일까?

1마리

2마리만 건너고, 1마리를 지불한다.
강을 건넌 1마리를 데리고 시장으로 가 고객을 찾는다.
샘플이라고 보여주며, 나머지 89마리에 대한 가격을 협상한다.
적절한 금액에 남은 양을 고객에게 넘긴다.

!?

앞선 이야기를 보고,
어떤 생각이 떠오르시나요?

우리 삶은 협상의 연속입니다.
개인 간 거래부터 국가 간 외교까지, 협상 없는 곳이 없습니다.

간단한 중고물품 하나 사고파는 일에서부터,
자동차나 집을 사고파는 일,
고객을 만나거나 거래처를 상대하는 일 등
매일 매일이 협상의 연속입니다.

직장인들은 자신의 협상력에 따라 업무성과가 달라집니다.
결과는 승진이나 연봉으로 이어집니다.
기업은 말할 것도 없습니다.
협상 결과에 따라 비즈니스의 성패가 좌우됩니다.
경영의 모든 활동이 협상이라 해도 과언이 아닙니다.

협상력은 '원하는 것을 얻고, 상대를 내 편으로 만드는 힘'입니다.
당신의 협상력이 당신이자 당신의 미래입니다.

협상이란 무엇인가?

협상에 관한 근원적 질문

왜 협상해야 하는가? 협상에 대한 잘못된 통념들이 만연하다. 협상의 목적과 필요성을 간과하거나 잘못 이해하는 사람들이 많다. 이 점이 협상을 어렵게 만드는 근본적인 원인이다. 우리가 협상을 배우고 연습해야 하는 이유는 무궁무진하다. 비즈니스 협상의 필요성과 효용에 대해 이야기해보자.

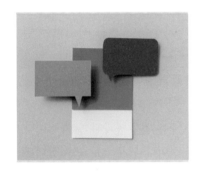

협상은 소통이다.

협상은 관계를 연결하는 커뮤니케이션 기술이다. '소통'은 말(言)을 잘한다고 되는 게 아니다. 다름을 인정하고, 상대방의 입장을 이해해야 한다. 무엇보다도 잘 '듣는' 것이 소통의 핵심이다. 소통의 모든 것이 협상으로 이어진다. 소통을 못하는 사람이 협상을 잘할 수는 없다. 협상을 해야한다면, 소통부터 잘할 일이다.

협상은 비즈니스 도구다.

비즈니스 관계는 이해(利害)가 상충되는 관계다. 누군가가 승리하면 누군가는 패배하는 구조다. 그러니 서로 지지 않으려고, 서로 이기려고 두 눈에 쌍심지를 켠다. 협상이 어려운 이유다.

기억해야 한다. 한쪽만 이득을 보면 협상은 물 건너간다. 내가 손해인 협상에 OK할 바보는 없다. 그래서 필요한 게 협상의 기술과 지혜다. 서로의 니즈를 파악하고, 새로운 어젠다를 도출하며, 모두가 만족하는 결과물을 이끌어내야 한다. 비즈니스의 성패는 협상력에 달렸다.

비즈니스 협상 모델의 탄생 **에잇 블록 협상 모델**

협상은 영업의 기술이다.

영업은 고객의 선택을 받는 일이다. 우리 제품, 우리 서비스의 우수성을 어떻게 전달하고 제시하느냐는 두 번째 문제다. 고객은 어떤 제품, 어떤 서비스, 어떤 영업사원을 원할까? '나 중심'이어서는 안 된다. '고객 중심'이어야 한다.

협상에서 가장 중요한 사람? 상대방이다. 질문을 통해 숨겨진 니즈(needs)를 파악하고, 그를 둘러싼 다양한 문제를 해결해 주어야 협상이 진전된다. 그러니 팔지 마라. 사게 만들어라.

협상은 갈등해결의 기술이다.

갈등이 생기는 근본 원인? '다르기 때문'이다. 각자의 입장이 다르고, 서로의 관점이 다르며, 저마다 추구하는 결과물이 다르다. 해결책? 다름을 인정하고, 문제의 핵심을 파악하며, 창의적 해법을 찾아내는 거다.

협상은 개인 간 갈등부터 조직 내 갈등, 나아가 사회 갈등을 슬기롭게 해결하는 실질적 방법을 제시한다. 협상의 기술과 지혜는 개인과 조직의 이해관계를 떠나 더 나은 사회를 만들기 위해서도 반드시 필요하다.

협상은 리더의 기본 덕목이다.

조직의 성패는 문제해결과 소통에 달렸다. 그래서 리더는 구성원들이 처한 대내외적 어려움을 슬기롭게 해결할 수 있어야 한다. 구성원 사이에 발생한 갈등을 현명하게 해결할 수 있어야 한다.

문제해결자이자 갈등중재자로서의 역할이 리더의 그것이다. 문제해결과 갈등중재. 맞다. 협상의 효용이다. 리더가 협상력을 갖추어야 하는 건 그래서다. 이끌지 말라. 따르게 하라.

운전해서 출퇴근하는 시간보다
더 많은 시간을, 우리는 협상에 쓴다.

- 리 L. 톰슨 (Leigh L Thompson) -

8-Block Negotiation Model

이 책은 비즈니스 협상의 새로운 모델을 제시합니다. 협상의 프로세스를 검증하고, 각 단계별 특징과 주요 쟁점을 분석하여 당신의 전략수립 과정을 도와 줍니다.

'협상'이라는 '암묵지'의 주제를 '형식지'로 승화시켰습니다. 검증되지 않은 직관과 경험에 기대던 협상에서 원리와 프로세스 중심의 구조화된 협상으로 나아갑니다.

상대의 행동에 따라 대응하고 반응하던 임기응변 식 협상을, 내가 세운 목표와 전략을 기반으로 하는 주도적인 협상으로 바꾸어 갑니다.

더 이상 협상을 겁내거나 두려워하지 마세요. 이 책 한 권이면 당신은 이미 협상 전문가입니다. 성공적인 비즈니스 협상을 위해, 무엇을 준비하고, 어떻게 실행해야 할까요? 이 책은 매우 구체적이고 체계화된 방법을 알려줍니다.

이 책의 특징은 세 가지입니다.

첫째, 비즈니스 협상에 대한 철학적 사고의 전환을 촉진합니다.

전통적 관점에서의 협상은 '제로-섬 게임(zero-sum game)'이었습니다. 한 사람의 이익은 다른 사람의 손실이었습니다. 협상은 곧, 상대를 이기는 수단이었습니다.

이러한 관점은 갈등과 충돌을 야기합니다. 자신뿐만 아니라 참가자 모두에게 '마이너스 결과'를 초래합니다.

협상에 대한 인식의 전환은 모두가 이길 수 있는 획기적인 방법을 제안합니다. 양측 모두에게 이득이 되는 '윈윈'의 수단으로 협상을 재구성합니다. 자신의 이익만 좇는 협상과 상대방의 이익도 함께 고려한 협상. 어떤 것이 양측 모두에게 더 큰 가치를 창출할 지는 불을 보듯 뻔합니다.

이러한 사고의 전환은 협상의 단기적인 목표 뿐만 아니라 장기적인 목표의 중요성도 깨닫게 해줍니다. 협상이라는 도구가 상대를 이기는 경쟁의 수단이 아니라, 양측의 시너지를 창출하는 협력의 과정이라는 인식의 전환. 이 책이 드리는 선물 중 하나입니다.

둘째, 이 책은 체계적인 협상 프로세스를 제시합니다.

모든 참가자의 요구를 동시에 만족시키는 협상은 어렵습니다. 키워드 중심의 단편적 지식과 스킬로는 한계가 있습니다. 협상의 전체 과정을 이해해야 합니다. 통합적인 사고로 입체적인 전략을 만들어야 합니다.

비즈니스 협상 모델의 탄생 에잇 블록 협상 모델

디지털 혁신 시대의 협상 전략: 프로세스 중심과 데이터 기반의 중요성

이 책은 비즈니스 협상의 각 단계별 특징을 구체적으로 설명합니다. 주요 쟁점과 현황 분석을 통해 효과적인 목표를 설정케 합니다. 다양한 협상안의 최적화 과정을 통해 객관적이고 합리적인 협상안을 이끌어내게 합니다. 효과적인 전략을 계획하고 실행하는 데 필요한 실질적인 가이드라인을 제공합니다.

이 책을 통해 우리는 비즈니스 협상의 전체 과정을 이해할 수 있습니다. 협상 각 단계별로 무엇을 준비하고 어떻게 대응해야 하는지 알 수 있습니다. 상대방의 대응 시나리오도 예측할 수 있습니다. 최적의 협상 결과 도출과 생각지 못한 리스크 관리. 협상의 불확실성을 줄이고 체계적인 준비와 대응을 가능하게 해주는 게 이 책의 미덕입니다.

셋째, 이 책은 데이터 기반 협상의 필요성과 활용방법에 대해 깊이 있게 분석하고 있습니다.

디지털 시대의 도래와 인공 지능의 발전은 비즈니스 협상에도 근본적인 변화를 요구하고 있습니다. 기존의 협상 전략과 기술들은 주로 경제력, 권력, 지위 등과 같은 힘의 논리에 의존하며, 정보의 불균형이라는 전제 하에 이루어졌습니다.

그러나 인터넷과 AI 기술의 발전으로 인해 협상 참여자 간 정보 격차는 확연히 줄어들었습니다. 정보 불균형을 전제로 통용되던 협상의 기술과 전략은 더 이상 먹히지 않습니다. 심지어 신뢰를 훼손해 협상 결렬의 주요 원인이 되기도 합니다. 이해관계를 다투는 비즈니스 협상일지라도 정보의 투명성을 바탕으로 한 신뢰의 구축이 중요해진 겁니다.

빅데이터 기술의 발전으로 대량의 정보를 분석하고 활용하는 것이 누구나 가능한 시대가 되었습니다. 협상 당사자들은 더 이상 자신의 경험과 직관, 주관적 논리와 주장만으로는 원하는 결과를 이끌어내기가 어려워졌습니다. 양측이 모두 수용할 수 있는 객관적인 데이터에 기반한 협상안을 마련해야 합니다. 과학적 프로세스를 중심으로 데이터를 분석하고 활용하는 능력이 비즈니스 협상에서도 중요해진 배경입니다.

이 책은 이러한 변화를 깊이 있게 탐구하고, 이에 대응하기 위한 새로운 비즈니스 협상 역량과 전략을 강조하며, 구조화된 모델을 제시합니다. 실제 협상 상황에서 어떻게 적용할 수 있는 지에 대한 실질적인 방법과 지침을 제공합니다.

이 책 사용법

이 책은 총 4개의 섹션으로 구성되어 있습니다.

1. 협상 마인드셋 (Mind set)

이 섹션을 통해 성공적인 협상을 위한 기본 마인드를 갖추게 됩니다. 책에서 제시하는 이론과 사례, 다양한 메시지를 이해하고, 그것들이 자신의 생각과 어떻게 다른지 생각해 보세요. 이 섹션을 완료하면, 협상에 대한 관점이 근본적으로 달라질 것입니다. 협상에 대한 철학적 사고의 전환, 협상에 대한 패러다임의 전환을 경험하게 될 것입니다.

2. 협상의 준비 (Preparation)

이 섹션은 협상 상대방을 만나기 전 준비단계의 실행 과제입니다. 현황 분석, 목표 설정, ZOPA 설정, BATNA 검토. 이 네 가지 블록은 상대방을 만나기 전 체크할 수 있는 거의 모든 정보를 담고 있습니다. 이 섹션을 통해 막연하게만 이야기했던 협상의 준비 과정을 보다 구체적이고, 체계적으로 이해하고 실행할 수 있습니다.

3. 협상 최적화 (Optimization)

이 섹션에서는 협상 솔루션을 도출하는 구체적인 방법론을 배우게 됩니다. 상대와의 대화 과정에서 드러난 양측의 주요 쟁점에 대해 공정하고 합리적인 합의안을 도출해 냅니다. 협상 과정에서 얻어낸 다양한 정보 및 데이터를 바탕으로 양측의 합의가능영역을 이끌어냅니다. 이 섹션에서는 윈-윈을 이끌어내는 창의적 방법들을 매우 체계적으로 배우게 됩니다.

4. 실전 사례 연구 (Case study)

마지막 섹션인 실전 사례 연구에서는 실제 B2B 비즈니스 협상 사례를 재구성한 협상 시나리오를 통해 학습한 내용들을 대입하고, 풀어보는 종합실습 과정입니다. 단순히 사례 소개와 해설에 그치는 게 아니라, 앞서 학습한 8개의 블록, 현황 조사에서 최종안 도출에 이르기까지, 마치 실전 협상을 방불케 하는 경험을 제공합니다. 여러분을 비즈니스 협상 전문가의 세계로 안내합니다.

이 책은 이런 분께 필요합니다.

이 책은 비즈니스 협상에 관한 기본적인 지식을 갖추고 있으며, 다수의 협상 경험이 있는 분들에게 특히 유용합니다. 기업의 구매 담당자나 영업팀의 일원, 임원이나 CEO와 같은 최종 의사결정권자를 비롯하여 다양한 영역에서 활동하는 전문가분들까지. 책은 비즈니스 협상에 관한 매우 구체적이고 체계적인 방법론을 제공합니다.

지금까지 협상에 대한 우리의 인식은 '개인기'에 가깝습니다. 말 잘하고, 경험 많으면 그게 전부라고 여겼습니다. 하지만 오늘날 비즈니스 협상은 단순히 물건을 사고파는 수준이 아닙니다. 복잡한 이해관계 속에서 장기적 파트너십을 구축하고, 상호 협력을 이루어내는 전략적 과정입니다. 제품이나 서비스 거래뿐만 아니라, 서로의 강점을 살려 협력하고, 시너지를 창출해 내는 창의적 과정입니다. 그 복잡한 일들이 말처럼 쉬울 리 없습니다. 경험과 직관으로, 임기응변식 대응으로 협상을 잘해보겠다는 생각은 한계가 명확합니다.

협상력이란 협상을 준비하고 계획하는 능력입니다. 협상에 관한 올바른 생각을 바탕으로, 무엇을 준비하고 어떻게 계획하는지 알고 있어야 합니다. 그리고 그것을 실행할 수 있을 때 비로소 협상력을 갖추었다고 말할 수 있습니다. 여러분은 이 책을 통해 협상의 전체 프로세스를 이해하고, 각 프로세스에서 무엇을 어떻게 준비하는지, 매우 구체적이고 체계적으로 배우게 될 것입니다.

마지막으로, 이 책은 다양한 업종의 실무 협상 사례를 수록하고 있습니다. 지난 10여 년간 기업 현장에서 직접 강의하며 얻어낸 생생한 결과물입니다. 사례 하나하나 해당 실무자들과 시뮬레이션하며 충분한 검증을 거쳤으며, 많은 연구진들과 함께 고민하고 토론하며 이론적 검증을 더했습니다. 협상력은 타고난 재능이 아닙니다. 학습과 훈련의 영역입니다. 누구나 학습하고 훈련하면 협상력을 갖출 수 있습니다. 협상 전문가가 되실 여러분을 진심으로 환영합니다.

Table of
Contents

이 책은 네개의 섹션으로 구성돼 있습니다.

협상에 대한 근본적인 마인드셋을 새롭게 설정한다. 각 단계별 특징을 이해하고, 효과적인 목표 설정 및 전략 수립 방법에 대해 알아본다. 다양한 협상안의 최적화 과정을 통해 객관적이고, 합리적인 협상 솔루션 도출에 대해 학습한다. 그리하여 실전 비즈니스 협상에서 무엇을 준비하고, 어떻게 계획하는지, 매우 구체적이고 실질적인 역량에 대해 학습하고 훈련한다.

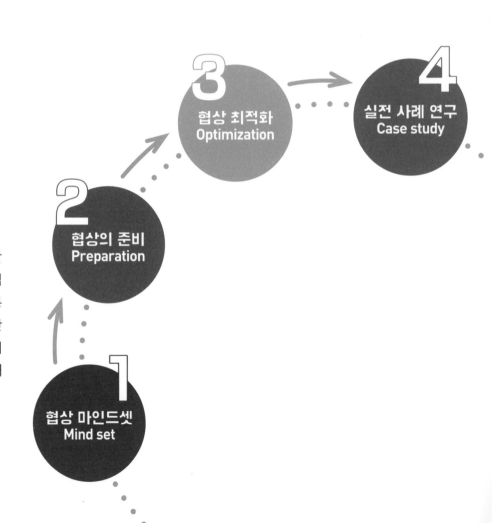

1

Mind set Preparation Optimization Case study

8-Block
Negotiation Model

협상 마인드셋

MIND SET

협상의 오해와 이해
Misunderstandings and understanding of negotiation

협상에 대한 오해는 넓고, 깊다.

상대방을 꼬드겨 내 이익을 챙기는 행위로 여긴다.

꼼수 혹은 권모술수와 혼동해 쓸 정도다.

협상을 윤리 도덕에 어긋난 일로 치부하는 경향도 있다.

지는 게 이기는 거고, 양보가 미덕이라고 배우며 자란 탓이다.

협상을 시도한다는 건 뭔가 음흉한 속셈이 있다는 뜻으로 받아들인다.

협상의 기술이 양지로 나오지 못했던 이유다.

맞다, 오해다.

협상을 잘하고 싶다고?
출발은 협상에 대한 오해를
바로 잡는 것부터다.

협상의 세가지 오해

'협상'하면 대부분 국가 간 외교나 기업 간 M&A를 떠올린다. 평범한 소시민이자 직장인인 나에게는 남의 나라 이야기일 뿐이다. 협상이 '그들만의 리그'라는 생각? 잘못된 생각이다. 협상에 대한 이런 오해가 협상을 더욱 어렵게 만든다.

"인생에서 협상만큼 중요한 기술은 없다."

- 윌리엄 유리(William Ury) -

첫 번째 오해.

협상은 나와 상관없는, 거창한 일이다

일상을 둘러보자. 간단한 중고물품을 사고 파는 일에서부터 자동차나 집을 사고 파는 일, 회사에서 협업을 할 때나 외부 거래처를 상대하는 일, 나아가 가까운 지인이나 가족 간 의견 차이가 있을 때 서로 조율하고 합의하는 일에 이르기까지, 우리 삶의 매 순간이 협상이다. 살면서 마주치는 모든 상황들에 협상이 빠질 수가 없다. 그래서 협상은 단순한 비즈니스 기술이 아니다. '삶의 기술'이다. 업종과 직종을 막론하고 협상을 알아야 하는 이유다.

두 번째 오해.

상대를 이겨야 성공한 협상이다

흔히 협상을 승부라 생각한다. 이기기 위해 전략을 세우고, 계획을 꾸민다 생각한다. 이기지 못하면 지는 것이라 생각한다. 전쟁이 따로 없다.

사과가 10개 있다. 상대가 6개를 가지면 내가 가질 수 있는 사과는 4개뿐이다. 더 많은 사과를 원한다면 이겨야 한다는 논리다.

얼핏 들으면 맞는 말 같다. 틀렸다. 협상의 목적은 상대를 이기는 데 있지 않다. 양측의 이해 충돌이나 갈등이 발생했을 때 최선의 결과물을 이끌어내는 게 협상이다. 요컨대, 둘 간의 합의점을 찾아가는 과정이다.

협상은 서로의 견해차를 좁히고 최선의 대안을 모색해 나가는 솔루션이다. 이번엔 내가 좀 덜 갖더라도 다음 번에 더 많은 것을 가지기로 합의한다면 훌륭한 협상이다. 눈앞의 이익을 누가 더 많이 차지하느냐의 승패 대결로 접근하는 협상은 모두에게 비극이다.

세 번째 오해.

협상은 상대를 어떻게 설득하느냐의 문제다

'어떻게 하면 상대를 잘 설득할 수 있을까?'

협상을 준비할 때 가장 먼저 떠올리는 생각이다. 상대를 설득해 내 요구를 관철하겠다는 마음이다.

이러한 접근이 협상을 망친다. 협상은 설득이 아니다. 설득은 '당하다'는 동사와 연결된다. 유쾌한 일이 아니라는 방증이다. 상대방의 생각이나 행동을 내 뜻대로 바꾸는 일. 설득의 사전적 의미다. 남의 뜻에 따라 내 생각이나 행동을 바꾸고 싶어하는 사람은 세상에 없다.

협상에서 상대를 설득하려 해선 안 되는 이유는 차고 넘친다. 첫째, 설득은 100 대 0을 기대하게 만든다. 설득하는 사람에게만 좋은 일이다. 둘째, 설득은 정보 비대칭을 전제로 한다. 정보가 없거나 잘못된 정보를 가진 상대는 말로 움직일 수 있다. 하지만 상대가 나와 같은 정보를 똑같이 갖고 있다면? 셋째, 설득의 태도는 '답정너'의 그것이다. 정해진 결론으로 성공적인 협상을 꿈꾸는 건 어불성설이다. 그러니 설득하지 말라. 스스로 선택하게 하라.

新 토끼와 거북이 이야기

성공적인 협상이란 승리가 아니라, synergy를 창출하는 것!

토끼와 거북이의 경주. 모두가 토끼의 승리를 점쳤다. 하지만 달리기 중간에 잠들어 버린 토끼. 결과는 거북이의 승리였다. 토끼의 와신상담. 더 이상의 실수는 없다, 이를 악물었다. 그렇게 성사된 두 번째 경주. 이번에는 토끼를 이길 방법이, 거북이에게 없었다. 고민에 빠진 거북이가 새로운 아이디어를 떠올렸다.

"토끼야, 생각해 보니 경주 코스에 문제가 있어. 지금 코스는 너에게만 유리해. 공정하게 육지와 강, 반반씩 코스를 정하는 게 어때? 그럼, 누구도 불만 없는 경주가 될 거야."

거부할 수 없는 논리였다. 내키지 않았지만, 토끼도 동의할 수밖에. 이윽고 시작된 경주. 토끼는 육지에서 압도적인 우위를 차지했다. 하지만 강에 도착해서는 발만 동동 굴렀다. 거북이는 느렸지만, 천천히 걸어 강에 도착했고, 이어서 유유히 강을 건넜다. 또 한 번의 승리. 힘이 약해도 경쟁에서 이길 방법은 있다.

하지만 왠지 모르게 아쉽다. 상대를 이겼지만, 기록은 형편없다. 토끼도 마찬가지다. 제 기량을 발휘도 못 해보고 경기에서 패했다. 거북이는 생각했다. 달리기로는 어차피 토끼를 이길 수 없다. 모두가 만족할 수 있는 아이디어가 없을까? 고민 끝에 거북이는 토끼에게 새로운 방식을 제안했다. 둘의 장점을 살려 서로 협력하는 방식이었다.

육지에서는 토끼가 거북이를 업고 폭풍처럼 뛰어갔고, 강에서는 거북이가 토끼를 등에 태우고 물살을 갈랐다. 각자의 승리에만 연연할 때보다 둘은 훨씬 더 좋은 기록을 냈다. 결과에 만족한 둘은 서로를 축하했다.

이 이야기는 치열한 비즈니스 환경에서 어떻게 협상해야 하는지 알려준다. 이른바 성공적인 협상의 요건이다.

비즈니스 협상 모델의 탄생 **에잇 블록 협상 모델**

첫째, 경쟁과 협력의 조화(harmony of competition and cooperation)다. 비즈니스 협상에서 경쟁적 접근은 불가피하다. 결과에 따라 이익과 손해가 갈리기 때문이다. 그러나 경쟁만으로는 한계가 있다. 경쟁은 갈등을 야기하고, 원만한 합의를 기대하기 힘들다. 장기적인 관계까지 고려한다면 더할 나위 없다. 토끼와 거북이, 둘의 협상은 경쟁 환경에서 어떻게 협력할 수 있는지, 그 절차와 방법을 보여준다.

둘째, 공정성(fairness in negotiation)이다. 공정성은 누구나 추구하는 보편적 가치다. 나만 좋은 아이디어는 환영받지 못한다. 공정하지 못한 제안에는 거절할 명분이 뒤따른다. 상황 전환을 위한 아이디어를 떠올린다면 공정성을 점검해야 하는 이유다. 육지에서 하는 경주는 토끼에게만 유리하다. 강에서 하는 경주는 거북이에게만 유리하다. 공정하게 육지 반, 강 반으로 코스를 변경해서 경주를 해보자는 아이디어. 토끼는 이를 거부할 명분이 없었다.

셋째, 상호 이익(win-win negotiation result)이다. 아무리 공정한 제안이라도 나에게 이익이 없다면 받지 않는다. 핑계를 대어 거절하면 그만이다. 내가 하는 제안이 효력을 발휘하려면 상대방의 이익을 고려해야 한다. '내가 제안하는 새로운 방식이 당신에게 더 좋은 선택'이란 걸 입증해야 한다. 육지에선 토끼가 거북이를 업고 달리고, 강에서는 거북이가 토끼를 태우고 달린다. 둘 모두 자신의 신기록을 달성했다. 협상의 묘미다.

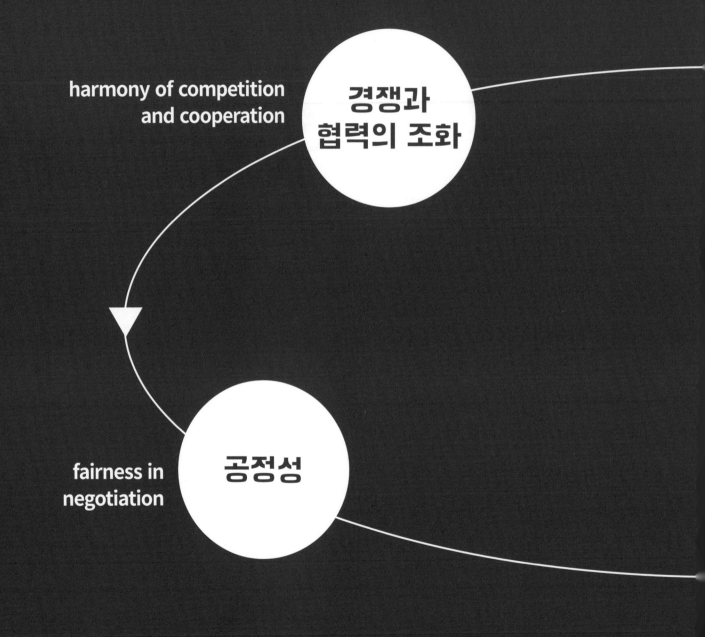

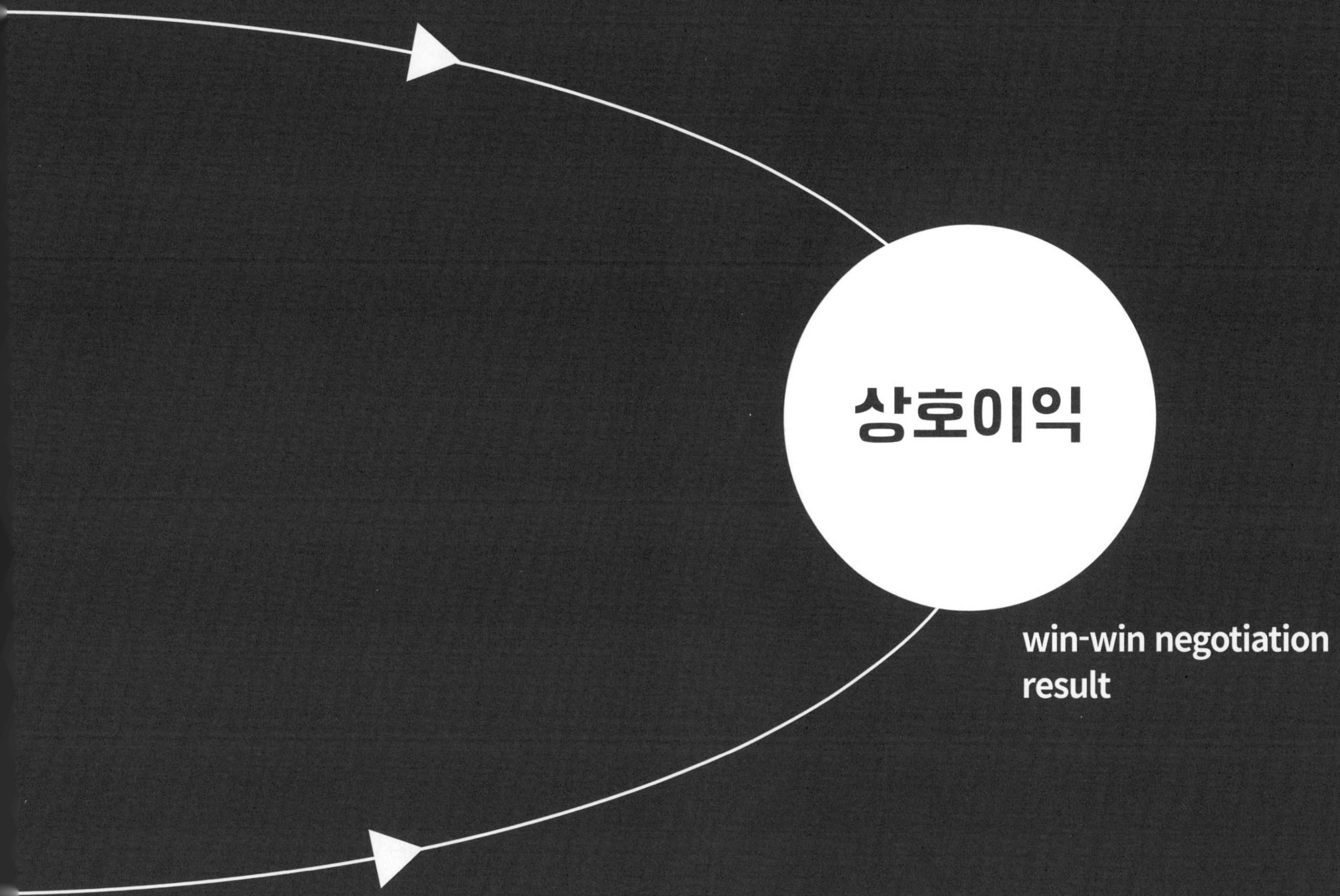

상호이익

win-win negotiation
result

하수는 상대를 이기려 한다.
고수는 상대와의 시너지(synergy)를
만들어낸다.

*코피티션(Co-petition)

협력(cooperation)과 경쟁(competition)의 합성어다. 예일대 '배리 네일버프(Barry J. Nalebuff)'와 하버드대 '애덤 브란덴버거(Adam Brandenburger)'교수가 현대의 비즈니스 전략을 보다 정확히 표현하기 위해 만든 신조어다. 기업간 경쟁이 승자와 패자로 구분되는 제로섬 게임(zero-sum game)으로 여겨왔던 과거와는 달리, 지금 시대엔 모든 참여자가 승리할 수 있는 전략을 도입해야 한다고 주장한다. 비즈니스 세계는 고객, 공급업체, 보완 제품 제조업체 및 경쟁 업체와 같은 다양한 이해 관계로 구성되어 있는데, 이들은 때로 경쟁 상대가 되지만 상호 협력할 때 최대의 성과를 거둔다. 코피티션의 본질은 승패 대결이 아니라 서로 협력함으로써 더 나은 결과를 이끌 수 있다는 발상에 있다.

비즈니스 협상 모델의 탄생 에잇 블록 협상 모델

디지털 혁신 시대에 떠오르는 협상 키워드

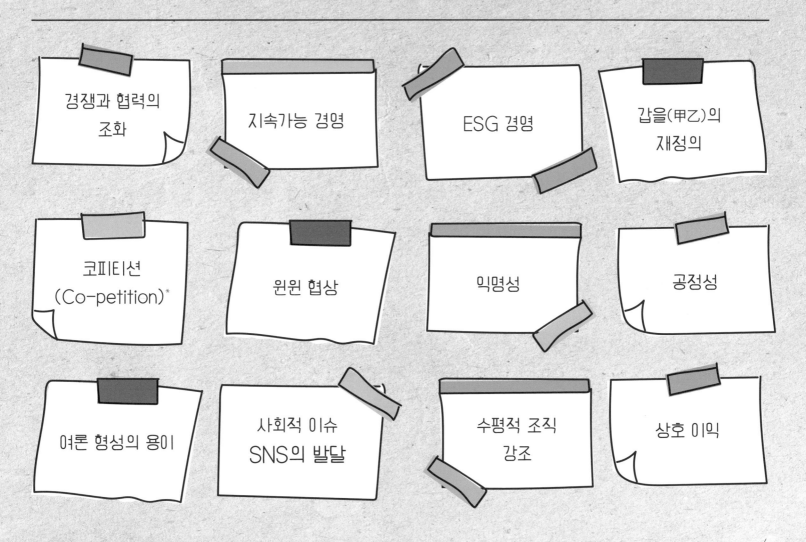

비즈니스 협상은

통합적 사고(integrated thinking)가 요구된다.

전략적 사고

목표 달성을 위해 자원의 제약을 극복하고, 보다 효율적인 방법을 찾아내는 능력을 말한다. 협상에서의 전략적 사고는 목표 설정, 우선순위 결정, 자원 할당, 시간 관리 등을 통해 협상 목표에 도달하기 위한 전략과 실행 계획을 수립하는 데 필요하다.

논리적 사고

주장이나 아이디어를 명확하게 조직화하여 전달하며, 합리적인 근거와 논증을 바탕으로 결론에 도달하는 능력을 말한다. 논리적 사고는 상대방의 주장을 분석하고, 자신의 주장을 효과적으로 전달하여 상대방의 의사결정을 이끌어내는 데 도움이 된다.

창의적
사고

새로운 아이디어나 해결책을 찾아내고, 독창적인 접근 방법을 도출하는 능력을 말한다. 협상에서 창의적 사고는 기존의 해결책 외에 다양한 대안을 제시한다. 상황에 맞는 새로운 접근 방법을 도출하여 양측이 만족할 수 있는 제3의 대안을 찾아내는 데 필요하다.

수학적
사고

숫자와 관련된 정보를 다루는 능력이다. 데이터 분석과 가치 산출, 리스크 관리와 최적의 협상안 도출 등에 필요하다. 이를 활용하면 주요 쟁점을 수치화하여 객관적으로 분석하여 제안할 수 있다. 양측이 모두 만족하는 공정한 합의를 이끄는 데 도움이 된다.

개방적
사고

다양한 관점과 아이디어를 수용하고, 새로운 정보에 유연하게 대처하는 능력을 말한다. 경청과 공감, 질문의 기술을 통해 상대방과의 관계를 강화한다. 예측하지 못한 상황 변화에 발빠르게 대처하여 전략을 수정하거나 새로운 접근 방식을 도입할 수 있다.

에잇 블록 협상 모델 개발 배경
8-Block Negotiation Model Development Background

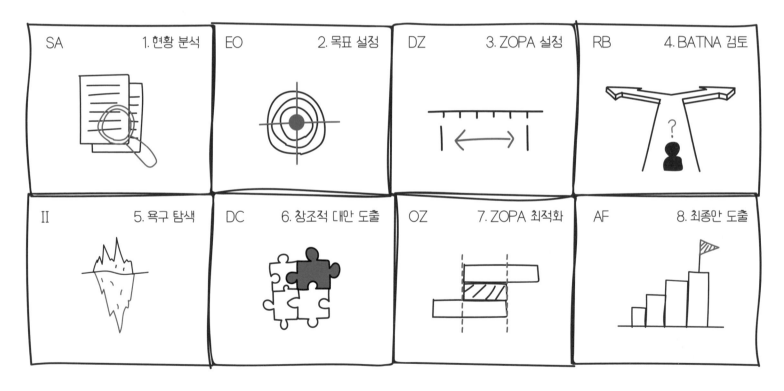

SA 1. 현황 분석	EO 2. 목표 설정	DZ 3. ZOPA 설정	RB 4. BATNA 검토
II 5. 욕구 탐색	DC 6. 창조적 대안 도출	OZ 7. ZOPA 최적화	AF 8. 최종안 도출

비즈니스 협상 모델의 탄생 **에잇 블록 협상 모델**

전통적인 협상 방식은 대부분 인간의 직관과 경험, 상황에 대한 개인적인 해석에 기반을 두고 있다. 주로 직접적인 대화와 협의를 통해 진행되며, 이 과정에서 협상 당사자들은 자신들의 입장과 이해, 상호간의 유리한 점을 찾아내려고 노력한다. 이런 방식은 유연한 조정이 가능하고 매우 역동적이라는 장점이 있다.

하지만 기술의 발전과 급변하는 비즈니스 환경은 전통적인 협상의 한계를 드러내고 있다. 데이터가 폭발적으로 증가하고 비즈니스 이슈들이 점점 복잡해지면서, 모든 정보를 정확하게 이해하고 분석하는 것이 점점 어려워지고 있다. 더욱이, 전통적인 협상 방식은 감정적인 요소, 편견, 과대평가 등 인간의 한계를 초래할 수 있어 최적의 결정을 내리는 데 방해가 되곤 한다.

이런 한계를 극복하기 위해서 8-Block Negotiation Model를 개발하게 되었다. 8-Block Negotiation Model은 프로세스 중심의 데이터 기반 협상 방법론이다.

프로세스 중심의 접근법은 일관성을 유지하고 협상의 공정성을 보장하는 데 중요한 역할을 한다. 표준화된 프로세스를 통해 협상 결과의 편향을 최소화할 수 있다. 프로세스 중심의 단계별 접근은 협상의 효율성을 높이며, 객관적이고 합리적인 의사결정을 돕는다.

또한, 데이터 기반의 협상에서는 각 단계에서 데이터와 분석을 활용하여 최선의 결과를 도출하려고 노력한다. 예를 들어, 정보 수집과 분석 단계에서는 상대방의 협상력, 요구사항, 전략 등에 대한 데이터를 수집하고 분석하여 협상 전략을 세울 수 있는 기반을 제공한다. 이는 협상 과정과 결과를 지속적으로 개선하고 최적화하는 데 도움을 준다.

8-Block Negotiation Model의 개발 배경

변화의 시대, 새로운 비즈니스 협상 방법론의 필요성

기술 발전과 경쟁 심화로 비즈니스 환경이 점점 복잡해지고 있다. 변화의 시대, 단편적 지식과 스킬에 의존하던 기존 협상 방법론은 여러가지 한계를 드러내고 있다.

비즈니스 협상 모델의 탄생 **에잇 블록 협상 모델**

1. 정보 격차의 축소

인터넷과 디지털 기술의 발전으로 정보 접근성이 증가하면서 협상자들 사이의 정보 격차가 축소되었다. 기존의 정보 불균형을 이용한 전략이 효과를 발휘하기 어려워진 이유다. 정보를 공유하고 협력하는 전략이 필요하다.

2. 데이터 분석 및 활용 능력 요구

대량의 데이터를 분석하고 이를 활용하는 능력이 필수적이다. 데이터를 통해 협상 전략을 세우고, 상대방의 입장과 요구사항을 이해할 수 있어서다. 보다 객관적이고 공정한 제안을 할 수도 있다.

3. 장기적 파트너십의 중요성

단기적 성과보다는 장기적 파트너십 관계 구축이 중요해졌다. 기업 간의 상호 신뢰와 협력이 지속적인 성장을 위한 핵심 요소로 간주되어서다. 신뢰를 구축하고, 협력적인 관계를 유지하는 방향으로 전략을 수립해야 한다.

4. 경쟁과 협력의 조화

경쟁 중심의 협상 방식에서 벗어나야 한다. 상대방의 이익을 고려하면서 동시에 자신의 이익도 지키는 전략을 강구해야 한다. 공동의 목표를 설정하고, 이를 달성하기 위한 협력적 전략을 구사해야 한다. 경쟁과 협력의 조화다.

5. 리스크 관리 강조

리스크 관리가 협상에서 중요해졌다. 기술 발전과 급변하는 시장 환경때문이다. 미래의 위험과 기회를 예측하고 이에 대응하는 전략을 세우는 것이 협상의 성공 여부를 좌우한다.

기존 협상 모델과의 차별성

전통적 협상 모델과 새로운 협상모델은 정보 활용, 전략 수립 및 협상 과정, 협상 결과, 필요 역량 등 여러 측면에서 다른 특징을 보인다.

전통적 협상에서는 개인의 경험, 직관, 그리고 관찰을 바탕으로 정보를 축적하고 처리해 한계를 드러낸다. 반면, 새로운 협상 모델은 실시간 정보, 기존 데이터, 그리고 데이터 분석의 결과를 종합적으로 활용한다. 예를 들어, 시장 동향을 이해하는 방식에서 개인의 경험에 의존하는 전통적 협상과 달리, 새로운 협상 모델은 실시간 시장 데이터 분석을 통해 더욱 정확하고 신속하게 시장 상황을 파악한다.

전략 수립 및 협상 과정에서는 지금까지 개인의 융통성과 주관에 의존하는 경향이 컸다. 그러나 새로운 협상 모델은 표준화된 프로세스를 따라 일관되게 진행한다. 객관적인 데이터 분석 결과를 기반으로 한 의사결정은 이런 프로세스 중심의 협상에서 중요한 역할을 한다.

전통적 협상에서는 결과에 대한 불확실성이 높고 예측이 매우 어렵다는 단점이 있다. 그러나 새로운 협상 모델에서는 데이터 분석을 통해 높은 정확도로 결과를 예측할 수 있으며, 이를 통해 예측가능한 협상을 준비하고 계획할 수 있다.

마지막으로 필요 역량 측면에서는 전통적 협상이 단편적 스킬, 말하는 능력, 임기응변 능력 등을 중요시하는 반면, 새로운 데이터 기반 협상에서는 데이터 분석 능력, 프로세스 이해력, 통합적 사고력 등이 중요하다. 이런 차이는 각 모델을 효과적으로 실행하기 위한 교육과 훈련방법에도 큰 영향을 미친다.

기존 협상 모델		NEW 협상 모델
개인의 판단과 해석에 의존	정보 처리	대용량 데이터에 근거한 객관적 정보 처리
개인의 경험과 지식에 기반	전략 수립	표준화된 프로세스 중심의 전략 수립
주관적 판단 및 감정 기반	의사 결정	프로세스와 데이터 기반의 객관적 분석
개인의 추정에 의존	결과 예측	합리적 근거에 의한 결과 예측
단편적 지식과 스킬	필요 역량	통합적 사고와 프로세스
협상 결과에 대한 주관적 평가	성과 평가	데이터를 통한 객관적 성과 평가 및 모니터링

프로세스 기반 협상은 협상의 전 과정을 체계적으로 분석하고, 각 단계별로 절차와 전략을 수립하여 진행하는 방식을 말한다. 프로세스 기반 협상의 효용은 다음과 같다.

예측 가능한 협상

예측 가능하고 주도적인 협상을 진행할 수 있다. 근시안적인 사고에서 벗어나 협상 상황 전체를 고려하여 의사결정을 할 수 있다. 협상 당사자들은 전 과정을 미리 계획하고, 사전 수립한 절차에 따라 협상을 진행함으로써 협상의 불확실성과 무작위성을 줄일 수 있다.

전략의 유연성 확보

프로세스 기반 협상은 전략의 유연성을 확보할 수 있다. 협상 상황에 따라 전략을 수정하고, 새로운 정보와 데이터를 활용하여 전략을 변경할 수 있다.

협상의 효율성 재고

전 과정을 체계적으로 계획하고 수립함으로써 협상에 소요되는 시간과 노력을 최소화할 수 있다. 협상에 필요한 모든 정보와 자료를 파악하고, 누락되지 않도록 조치할 수 있다.

감정 개입 최소화

프로세스 기반 협상은 감정 개입에 따른 부작용을 줄일 수 있다. 객관적인 분석과 평가를 통해 감정적인 요소에 의한 부작용을 최소화할 수 있다.

데이터 기반 협상은 수치와 관련된 데이터를 수집, 분석, 활용하여 협상을 진행하는 방법을 말한다. 이는 협상 당사자들이 주관적인 견해나 감정에 의존하지 않고, 데이터를 기반으로 한 분석과 판단을 통해 합리적인 결정을 내리는 것을 목표로 한다. 구체적인 효과는 다음과 같다.

명확한 목표 설정

데이터를 활용하면 구체적인 목표를 설정할 수 있다. 예를 들어, 매출 증가율, 이익률 개선, 시장 점유율 확대 등의 목표를 정확한 수치로 표현할 수 있다. 이렇게 명확한 목표를 설정함으로써 협상 전략을 더욱 체계적으로 수립할 수 있다.

객관적 근거 제시

데이터 기반 협상은 협상 과정에서 논리적인 근거와 증거를 제시할 수 있다. 예를 들어, 시장 조사나 경쟁사 분석 결과를 바탕으로 자사 제품의 경쟁력을 객관적으로 설명할 수 있다. 이를 통해 협상 과정에서의 불필요한 갈등을 줄이고 상대방과의 관계를 유지할 수 있다.

공정한 협상 결과 도출

데이터 기반 협상을 통해 양 당사자 모두 이익이 공정하게 분배되는 결과를 도출할 수 있다. 예를 들어, 가격 협상 시 과거 거래 데이터, 원가 분석 결과 등을 바탕으로 양측이 수용 가능한 가격대를 도출할 수 있다. 이렇게 공정한 협상 결과를 이끌어낼 수 있어 상호 신뢰와 협력 관계를 유지할 수 있다.

리스크 관리

데이터를 활용하여 미래의 위험과 기회를 미리 파악할 수 있다. 예를 들어, 경제 지표, 시장 변화 등의 데이터를 분석하여 경기 변동에 따른 매출 변화나 원재료 가격 상승 등의 리스크를 미리 예측하고 대응 전략을 세울 수 있다.

합리적 평가와 지속적 개선

데이터 기반 협상 결과에 대한 평가는 합리적이며 객관적이다. 협상 결과의 영향을 받는 지표들을 정기적으로 모니터링하고 분석함으로써 협상 성과를 평가할 수 있다. 이를 통해 지속적인 개선을 도모하고 협상 능력을 향상시킬 수 있다.

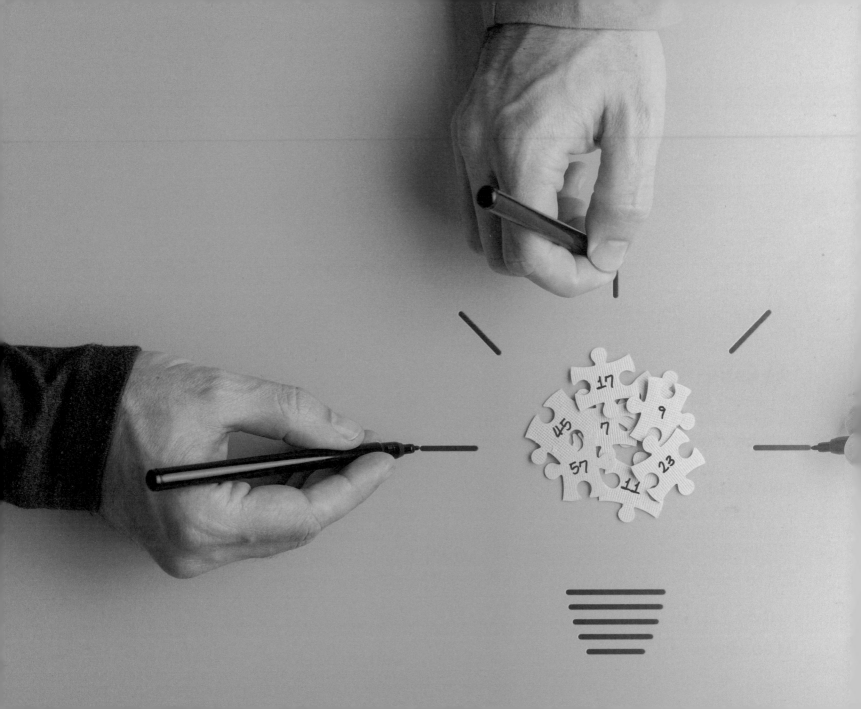

상대를 설득하려고 하지 마라.

당신이 제안하는 협상안이
상대에게도 **이득이라는** 점을
숫자로 증명하기 전까지는.

데이터 기반 협상안
구성 방법

데이터 기반 협상안 구성은 마치 복잡한 요리를 준비하는 것과 같다.

'현재 상황 분석'은 우리가 요리에 쓸 재료의 상태와 가격, 그리고 시장의 현황을 분석하는 것에 비유할 수 있다. '협상안의 가치 평가'는 요리의 맛, 영양가, 외관 등을 고려하여 얼마나 가치 있는 요리가 될지 예상하는 것과 같다.

'상대방 이익 강조'는 공동으로 식사를 하는 사람들의 취향을 고려하여 메뉴를 정하는 것과 유사하다. '비용 효익 분석'은 사용 가능한 예산 내에서 어떻게 재료를 가장 효과적으로 활용할지 계산하는 것과 같다.

마지막으로 '시나리오 비교'는 여러 가지 요리 방법을 비교하고, 어떤 방법이 가장 적절한지 판단하는 것과 같다. 요리를 준비하는 것처럼, 데이터 기반 협상안도 체계적으로 준비되어야 최적의 결과를 이끌어낼 수 있다.

현 상황을 파악하고, 그에 따른 수치를 정리한다. 매출, 이익률, 점유율 등과 같은 시장 지표를 포함한다.

현재 상황 분석

협상안의 가치 평가

도출한 협상안이 양측에 어떤 긍정적인 변화가 있는지 분석하여 숫자로 표현한다. 매출 상승률, 이익률 증가, 시장 점유율 상승 등의 지표를 사용할 수 있다.

제안하는 협상안에서 상대방이 얻을 수 있는 이익을 구체적인 숫자로 제시한다. 상대방이 협상안을 받아들일 가능성을 높인다.

상대방 이익 강조

비용-효익 분석

협상안의 이익과 비용을 상대방에게 제시한다. 상대방이 협상안을 받아들이는 데 필요한 비용과 그로 인한 효익이 명확해진다.

협상안을 받아들인 경우와 그렇지 않은 경우를 비교, 설명하여 상대방이 더 나은 선택을 할 수 있게 돕는다.

시나리오 비교

협상 마인드셋 Mind set

자동차 부품 공급 회사 A는 자동차 제조 회사 B에 친환경 신부품을 공급하는 계약을 제안하려고 한다.

데이터 기반 협상안 구성은 마치 집을 사려는 사람이 집의 가격, 위치, 크기, 주변 환경 등 다양한 정보를 바탕으로 가치를 분석하고, 그에 따라 협상을 진행하는 것과 비슷하다. 'A사'는 집을 사려는 사람처럼 'B사'의 현재 상황을 분석한다. 'B사'의 연간 자동차 생산량, 매출, 이익률 등을 살펴본다. 그 다음으로, 'A사'는 자신이 제안하는 신부품이 'B사'에게 어떤 긍정적인 변화를 가져다 줄지 분석한다. 이는 마치 집을 사려는 사람이 집의 장점과 단점을 분석하여 가치를 판단하는 것과 비슷하다.

'A사'는 'B사'에게 협상안에서 얻을 수 있는 이익을 제시한다. 집을 사려는 사람에게 집의 가치를 설명하는 것처럼. 비용과 효익을 분석하는 것은, 집을 사려는 사람이 집의 가격과 자신에게 가져다 줄 효익을 비교하는 것과 비슷하다. 마지막으로, 신부품을 도입한 경우와 도입하지 않은 경우를 비교하는 것은, 집을 사려는 사람이 여러 집을 비교하여 최적의 선택을 하는 것과 같다. 이처럼, 'A사'는 데이터를 기반으로 협상안을 체계적으로 구성하여 'B사'에게 최적의 선택을 제안한다.

현재 상황 분석

A사는 B사의 현 상황을 파악하고, 관련 수치를 정리한다. B사의 연간 자동차 생산량은 15,000대, 연간 매출은 5억 달러, 이익률은 10%다.

협상안의 가치 평가

A사는 친환경 신부품 도입이 B사에 가져다 줄 긍정적인 변화를 분석하여 숫자로 표현한다. 부품 도입 후 연간 생산 비용이 5% 절감되고, 이익률이 3% 증가할 것으로 예상한다.

상대방 이익 강조

A사는 B사에게 협상안에서 얻을 수 있는 이점을 구체적인 숫자로 제시한다. 부품 도입 후 B사의 연간 생산 비용이 5% 절감되어 이익률이 10%에서 13%로 상승 할 것이라고 설명한다.

비용-효익 분석

A사는 B사에게 친환경 신부품 도입에 필요한 비용(2천만 달러)과 그로 인한 효익(생산비용 절감 및 이익률 상승)을 제시한다. 이를 통해 B사는 비용 대비 효익을 쉽게 판단할 수 있다.

시나리오 비교

A사는 B사에게 부품을 도입한 경우와 도입하지 않은 경우를 비교하여 설명한다. 부품 도입 시 B사의 생산 비용이 절감되고 이익률이 상승하여 경쟁력이 향상 되지만, 도입하지 않은 경우 더욱 치열한 경쟁상황에 내몰릴 것임을 설명한다. 이를 통해 B사는 더 나은 선택을 할 수 있게 된다.

협상 프로세스의 이해
Understanding the Negotiation Process

현황 분석

Status Analysis

현황 분석은 전략 수립의 기초다. 협상의 성패는 어떤 정보를 수집하고, 어떻게 분석하는가에 달렸다.

목표 설정

Establishing Objectives

목표는 성공 협상의 필수 요소이며, 구체적이고, 수치화한 목표는 전략의 용이함과 효율성을 높인다.

ZOPA 설정

Determining the ZOPA

가격의 합의가능영역을 예측하고, 각요소의 값을 사전에 준비함으로써 의사결정의 기준을 제시한다.

BATNA 검토

Reviewing the BATNA

배트나는 협상의 유불리를 결정한다. 결렬을 가정한 대안을 준비함으로써 전략의 강도를 결정할 수 있다.

욕구 탐색

Identifying Interest

성공 협상의 결정적 단서가 되며, 숨겨진 Interest를 파악하기 위해서는 질문과 경청, 공감의 기술이 필요하다.

창조적 대안 도출

Developing Creative Option

양측의 Interest를 모두 만족하는 제3의 대안을 구하는 과정으로, 그 결과 Win-Win 협상이 탄생한다.

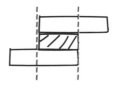

ZOPA 최적화

Optimizing the ZOPA

협상 과정을 분석해 양측의 ZOPA를 도출함으로써 원만한 합의를 이끌어낼 수 있다.

최종안 도출

Arriving at a Final decision

협상과정을 토대로 어젠다별 선택지를 구성한다. 원만한 합의를 가능하게 함은 물론 상대의 만족감을 높여준다.

협상 프로세스의 이해

Understanding the Negotiation Process

현황 분석

Status Analysis

목표 설정

Establishing Objectives

ZOPA 설정

Determining the ZOPA

BATNA 검토

Reviewing the BATNA

1차협상 준비 단계

비즈니스 협상 모델의 탄생 에잇 블록 협상 모델

협상 프로세스는 문제 해결 및 의사 결정을 위한 프레임을 제공한다. 당면한 문제를 더 작고 관리 가능한 구성 요소로 분해함으로써 양 당사자는 합의 영역을 식별하고, 불일치 영역에 대한 창의적인 해결책을 찾을 수 있다. 따라서 잘 구성된 협상 프로세스는 성공적인 결과로 이어질 가능성이 높다. 협상을 계획하고 준비하는 데 시간을 할애함으로써 양 당사자는 자신의 이익과 우선 순위를 식별하고, 잠재적인 장애물을 예상하고, 양 당사자의 요구를 충족하는 솔루션을 찾기 위해 협력한다.

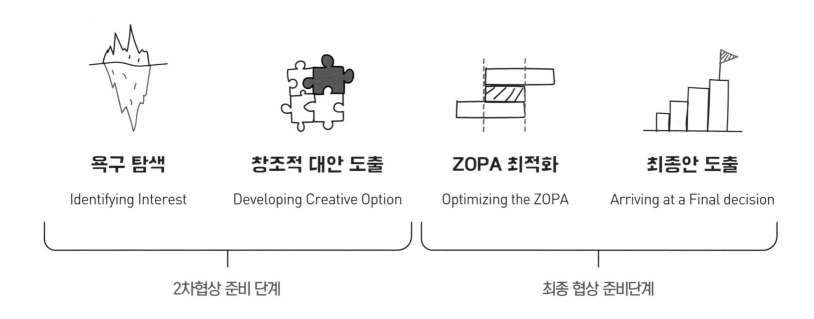

욕구 탐색

Identifying Interest

창조적 대안 도출

Developing Creative Option

ZOPA 최적화

Optimizing the ZOPA

최종안 도출

Arriving at a Final decision

2차협상 준비 단계

최종 협상 준비단계

N8M 비즈니스 협상 캔버스
What is the N8M Business Negotiation Canvas?

비즈니스 협상의 전 과정을 **구조화**하여
한 장의 캔버스에 **시각화**한 도구다.
협상팀을 구성하여 **프로세스**를 공유하고,
전략을 수립하며, 협상 과정을
체계적으로 **준비**하고 **실행**하는 데 활용한다.

*N8M은 8-Block Negotiation Model의 약자입니다.

비즈니스 협상 모델의 탄생 에잇 블록 협상 모델

N8M 비즈니스 협상 캔버스

Block 1. 현황 분석

상대방 분석	이해관계자 분석

기회요인 분석	위험요인 분석

Block 2. 목표 설정

우선순위	최종 목표	최종목표
①		
②		
③		
④		
⑤		
기타		

Block 3. ZOPA 설정

구분	D. 희망가격	T. 목표가격	W. 결렬가격
가격			
근거			

Block 4. BATNA 검토

구분	세부내용
우리	
상대방	

Block 5. 욕구 탐색

Position	Interest

Block 6. 창조적 대안 도출

구분	우리	상대방
Core Agenda		
Position		
Interest		
Creative Option		

Block 7. ZOPA 최적화

결렬가격 W	목표가격 T	희망가격 D

Seller's ZOPA
Seller's range
ZOPA
Buyer's range
Buyer's ZOPA

D 희망가격　　T 목표가격　　W 결렬가격

Block 8. 최종안 도출

Agenda	1안	2안	3안
①			
②			
③			
④			
기타			

비즈니스 협상 모델의 탄생 에잇 블록 협상 모델

N8M 비즈니스 협상 캔버스는 협상의 청사진이다.

협상의 목표, 준비, 전략 등을 명확하게 시각화한다.

이는 협상 팀이 협상 과정을 체계적으로 관리하고,

필요에 따라 전략을 수정하며, 성공적인 협상 결과를

이끌어내기 위한 계획을 세우는 데 도움을 준다.

2

**8-Block
Negotiation Model**

협상의 준비

PREPARATION

Block 1.
현황 분석

STATUS ANALYSIS

현황 분석은 전략 수립의 기초다.
협상의 성패는 어떤 정보를 수집하고,
어떻게 분석하는가에 달렸다.

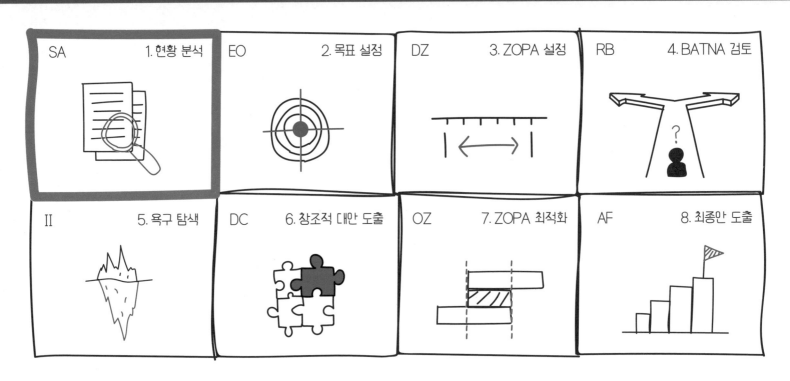

SA 1. 현황 분석	EO 2. 목표 설정	DZ 3. ZOPA 설정	RB 4. BATNA 검토
II 5. 욕구 탐색	DC 6. 창조적 대안 도출	OZ 7. ZOPA 최적화	AF 8. 최종안 도출

비즈니스 협상 모델의 탄생 **에잇 블록 협상 모델**

지피지기, 백전불태 知彼知己, 白戰不殆

"상대를 알고 자신을 알면,
백 번 싸워도 위태롭지 않다."

협상에서 정보의 효용을 모르는 사람은 없다. 그 중요성을 실감하고 실천하는 사람은 많지 않다. 정보는 내가 가진 힘을 어떻게 활용해야 할지를 알려준다. 상대가 뮤지컬을 좋아한다면 값비싼 접대보다 뮤지컬 티켓 한 장이 더 큰 효과를 발휘한다. 고객의 수입이 얼마인지도 모르면서 터무니없이 비싼 상품을 권유하는 세일즈맨의 성과는 불문가지다.

두 명의 영업사원이 고객사 하나를 두고 경쟁하고 있다면? 해당 고객사의 고민과 당면 이슈, 주요 의사결정자들에 대해 더 많이 알고 있는 영업사원이 거래를 따낼 확률이 높다.

협상 전에 상대를 둘러싼 다양한 정보를 조사하는 일은 생각보다 훨씬 중요하다. 난감한 상황을 타개할 수 있는 창의적인 전략도 거기서 나온다.

전략 수립의 기초
현황 분석

비즈니스 협상의 첫 단계는 현황 분석이다. 이 과정은 전체적인 협상 전략을 구성하고 협상의 방향성을 설정하는 데 중요한 역할을 한다. 현황 분석은 상대방과 이해관계자들의 목표, 기대, 그리고 입장을 깊이 이해하고, 이를 바탕으로 잠재적인 기회와 위협을 발견하고 분석하는 데 도움이 된다.

이러한 정보는 협상 상황을 정확하게 이해하고, 협상의 성과를 최대화하는 데 중요한 역할을 한다. 이를 통해 상대방의 행동을 예측하고 이에 반응하는 데 필요한 전략적 대응책을 준비할 수 있다.

현황 분석을 통해 협상 과정에서의 잠재적인 기회를 최대한 활용하고, 동시에 가능한 위협을 최소화할 수 있다. 이는 협상의 성공을 결정하는 중요한 요소이며, 모든 이해관계자가 만족하는 결과를 도출하는 데 기여한다.

현황 분석은 협상의 성공을 위한 첫 걸음으로서, 협상 상황을 정확하게 이해하고, 이를 바탕으로 효과적인 전략을 세우는 데 중요하다. 현황 분석은 문제 해결의 도구일 뿐만 아니라 기회 창출의 기반이며, 결국 성공적인 협상을 이끄는 데 결정적인 역할을 한다.

현황 분석은 상대방, 이해관계자, 기회요인, 위협요인 등 각 항목에 대한 적절한 질문을 구성하고, 정보의 수집과 분석을 통해 그에 대한 답을 찾아가는 과정이다. 질문을 효과적으로 구성하기 위해서는 다음과 같은 요소가 고려되어야 한다.

첫째, 협상의 주요 이슈와의 관련성을 반영해야 한다. 핵심 쟁점에서 벗어나는 정보는 시간 낭비를 초래하고, 나아가 협상을 더욱 혼란스럽게 만든다.

둘째, 질문은 구체적이고 명확해야 한다. 모호한 질문은 오해를 초래하고, 필요한 정보를 제대로 수집하는 데 방해요인이 된다.

셋째, 상대방과 이해관계자들의 견해와 입장을 충분히 반영할 수 있어야 한다. 이를 통해 그들의 의도나 목표 그리고 그들이 가진 문제점이나 기회를 보다 정확하게 파악할 수 있다.

마지막으로 질문은 상대방과 이해관계자들의 숨겨진 욕구를 찾아낼 수 있도록
설계되어야 한다. 관련자들의 숨은 욕구는 성공적인 협상을 위한 열쇠이기 때문
이다.

SA 1. 현황 분석

상대방 분석	이해관계자 분석

기회요인 분석	위협요인 분석

상대방 분석(Counterparty Analysis)

상대방의 입장과 협상 목표, 강점과 약점 그리고 상대방이 사용 가능한 전략을 이해하고 분석한다. 이를 통해 상대방의 행동을 예측하고, 이에 적합한 대응 전략을 준비하고 구체화할 수 있다.

기회요인 분석(Opportunity factor Analysis)

협상과 관련하여 기회가 될 수 있는 요인을 파악하여 대응 전략을 수립하는 것을 말한다. 예를 들어, 상대방이 새로운 시장에 진출하려는 경우, 협력을 제안하여 함께 시장을 개척하는 전략을 수립할 수 있다.

이해관계자 분석(Stakeholder Analysis)

협상과 관련된 이해관계자들의 입장과 요구사항을 파악하여, 협상 전략을 수립하는 것을 말한다. 이해관계자들의 이익과 우선순위를 파악하고, 이를 고려한 대응 전략을 수립할 수 있다.

위협요인 분석(Threat factor Analysis)

협상과 관련하여 위협이 될 수 있는 요인을 파악하여 대응 전략을 수립하는 것을 말한다. 예를 들어, 상대방이 경쟁 업체와 제휴하려는 경우, 이에 대한 대응 전략을 수립할 수 있다.

비즈니스 협상 모델의 탄생 에잇 블록 협상 모델

#준비 #상대방 #기회 #정보 #이해관계자 #위협 #방향성 #예측 #강점

현황 분석을 위한 질문

상대방 분석
- 상대방의 목표와 우선순위는 무엇인가?
- 상대방의 강점과 약점은 무엇인가?
- 상대방이 중요하게 생각하는 가치와 원칙은 무엇인가?
- 상대방의 협상에 대한 기대치와 우려 사항은 무엇인가?

이해관계자 분석
- 상대방의 의사결정 라인에 있는 사람들은 누구인가?
- 각 이해관계자의 목표와 우선순위는 무엇인가?
- 각 이해관계자의 영향력은 어느 정도인가?
- 각 이해관계자에게 중요한 가치와 원칙은 무엇인가?

기회요인 분석
- 협상에서 활용할 수 있는 기회는 무엇인가?
- 외부 환경에서 기회를 찾을 수 있는 요소는 무엇인가?
- 기회를 적극적으로 활용하기 위해 어떤 전략이 필요한가?
- 파트너가 필요한 경우, 누구와 협력할 수 있는가?

위협요인 분석
- 협상에서 잠재적으로 위협이 될 수 있는 요소는 무엇인가?
- 외부 환경에서 위협이 될 수 있는 요소는 무엇인가?
- 위협을 최소화하기 위해 어떤 대응 전략이 필요한가?
- 위협에 대비하기 위해 필요한 자원이나 지원은 무엇인가?

비즈니스 협상 모델의 탄생 **에잇 블록 협상 모델**

질문에 대한 기대효과

상대방 분석

1. 전략 수립의 기초자료 • 상대방의 목표, 가치, 강점 및 약점 등에 대한 이해를 바탕으로 효과적인 협상 전략을 수립한다.

2. 신뢰 구축 • 상대방의 관점에서 접근하여 신뢰를 구축한다. 이를 통해 원활한 소통과 합의 도출에 기여한다.

3. 갈등 관리 • 상대방의 입장과 이해관계를 이해하여 협상 과정에서 발생할 수 있는 갈등을 사전에 예측하고 관리한다.

이해관계자 분석

1. 협력 및 조정 • 이해관계자들 간의 협력 관계를 구축하고, 상충되는 이해관계를 조정한다.

2. 갈등 및 위험 관리 • 이해관계자들의 요구 충돌로 인한 갈등을 예측 및 관리하며, 잠재적 위험 요소에 대응한다.

3. 지지 확보 • 이해관계자들의 요구를 충족시켜 지지를 얻고, 협상 결과의 안정성과 지속성을 높인다.

기회요인 분석

1. 전략적 이점 활용 • 기회요인을 파악하고 분석함으로써, 협상에서의 전략적 이점을 창출하고 활용한다.

2. 창의적 해결책 도출 • 기회요인을 고려하여 새로운 아이디어를 제시함으로써 협상 결과에 긍정적인 영향을 준다.

3. 긍정적 분위기 조성 • 기회요인을 강조하고 활용함으로써 협상 상대방과 우호적인 관계를 유지한다.

위협요인 분석

1. 리스크 관리 • 위협요인을 인식하고 이해함으로써 협상 과정에서 발생할 수 있는 리스크를 사전에 예측하고 관리한다.

2. 위기 대응 전략 수립 • 위협요인에 대한 대응 전략을 개발하고 준비함으로써 협상 상황에서의 위기 대처 능력을 향상시킨다.

3. 협상의 안정성 확보 • 위협요인을 최소화하는 맞춤형 대응 전략을 통해 협상 과정의 안정성을 확보한다.

1912년 미국 대통령 선거 현장. 지방 유세를 앞둔 시어도어 루스벨트(Theodore Roosevelt) 선거 캠프. 조지 퍼킨스(George Perkins) 선거본부장은 재앙 같은 실수를 발견했다. 홍보용으로 제작해 놓은 팸플릿 300만 부에 실린 루스벨트의 사진에 'Moffett Studios, Chicago'라는 글귀가 새겨져 있는 것이 아닌가. 선거전에 몰입한 나머지 저작권자에게 허락도 받지 않고 사진을 사용했던 거다.

루스벨트는 미국의 제 26대 대통령이다. 후임자 윌리엄 하워드 태프트(William Howard Taft) 대통령의 국정 운영에 크게 실망하며 정계 복귀를 결정했다. 선거는 막바지에 접어들며 더욱 치열해졌다. 선거본부장은 지방을 돌며 루스벨트 후보의 사진과 연설문을 실은 홍보 팸플릿을 배포해 승기를 잡겠다는 계획을 세웠다. 화물 객차에는 제작된 팸플릿 300만 부가 실려 있었다.

만약 저작권 문제가 제기된다면 루스벨트 후보에겐 치명적이다. 당시 저작권법에 따르면, 저작권자는 사진 한 장당 1달러를 요구할 수 있는 상황이었다. 소송으로 갈 경우, 감당할 수 없는 돈을 배상해야 할 처지였다. 그렇다고 팸플릿 300만 부를 다시 찍을 수도 없는 상황. 비용도 비용이지만 일정도 촉박했다. 저작권자에게 사용료를 깎아 달라고 협상하는 방법 외에 다른 길이 없어 보였다. 만약 당신이 선거본부장이라면?

가장 쉬운 방법은 팸플릿 없이 선거를 치르는 거다. 하지만 그건 대통령 당선을 포기하겠다는 얘기다. 당시는 후보자를 자세히 알릴 방법이 거의 없었다. 지방을 직접 돌며 유세장에 참석한 국민들에게 팸플릿을 나눠주는 방법이 유일했다. 팸플릿 없이 선거를 치른다는 건 요즘으로 치자면 인터넷 없이 선거를 치른다는 것과 같은 의미였다.

Block 1. 현황 분석 Status Analysis

상대방 분석
1. 전략 수립의 기초자료
2. 신뢰 구축
3. 갈등 관리

저작권자는 자신의 지적재산권을 보호하고 수익을 추구하기 위해 저작권료를 요구할 가능성이 높다. 이런 저작권자의 입장을 고려하여 협상 전략을 수립해야 한다. 상대방의 이익과 목적, 행동 방식, 강점과 약점 등을 파악하여 예상 시나리오를 그려 볼 필요가 있다. 저작권자의 과거 이력 등도 파악해야 한다.

이해관계자 분석
1. 협력 및 조정
2. 갈등 및 위험 관리
3. 지지 확보

저작권자를 둘러싼 이해관계 구도도 분석해야 한다. 언론 매체, 캠프 관계자, 저작권협회, 저작권자의 가족 등이 여기에 해당된다. 이들 서로 간의 관계, 가치와 원칙, 주요 이슈 등을 고려하여 협상 전략을 수립한다.

기회요인 분석
1. 전략적 이점 활용
2. 창의적 해결책 도출
3. 긍정적 분위기 조성

대통령 후보라는 점, 팸플릿 300만 부를 배포할 계획이라는 점 등을 기회요인으로 분석할 수 있다. 후보자를 많은 대중에게 알리려는 목적은 저작권자에게도 좋은 기회라서다. 이를 최대한 활용하여 전략을 수립해야 한다. 대통령 후보의 홍보와 더불어 저작권자의 대중적 인지도 확보라는 점을 강조하여 전략을 수립할 수 있다.

위협요인 분석
1. 리스크 관리
2. 위기 대응 전략 수립
3. 협상의 안정성 확보

거액의 저작권료라는 점, 대통령 후보라는 점 등을 위협요인으로 분석할 수 있다. 협상 결렬 시 선거에 치명타를 입을 수 있어서다. 따라서 상대를 자극하는 등 리스크가 있는 협상 전략은 피하는 것이 좋다. 과거 이력을 통해 상대의 가치와 철학, 삶의 원칙 등을 세심하게 파악할 필요가 있다. 허용 가능한 수준의 비용 지출도 고려해야 한다.

SA 1. 현황 분석

상대방 분석

- Moffett studio
- 평범한 사진 작가
- 젊은 시절 출품 이력
- 사진 대회 다수 참석

이해관계자 분석

- 언론 매체
- 캠프 관계자
- 저작권 협회
- 저작권자의 가족 등

기회요인 분석

- 유력 대통령 후보
- 300만 부 배포 계획
- 대중적 인지도 확보 기회

위협요인 분석

- 거액의 저작권료
- 대통령 도덕성 공격
- 선거에 치명적

COPYRIGHT MOFFETT STUDIOS, CHICAGO

"We are planning to distribute millions of pamphlets with Roosevelt's picture on the cover.
It will be great publicity for the studio whose photograph we use.
How much will you pay us to use yours? Respond immediately."

"선거 홍보 팸플릿 수백만 부의 커버에 루스벨트 후보의 사진을 인쇄해 배포할 계획입니다.
사진이 실리게 되면 전국적으로 귀사의 스튜디오를 알릴 수 있는 절호의 기회입니다.
귀사의 스튜디오 사진을 실어주는 대가로 얼마를 낼 용의가 있는지 확인 후, 즉시 답변 바랍니다."

We've never done this before, but under the circumstances
we'd be pleased to offer you $250.

이런 제안에 응해 본 적은 없지만 250달러를 낼 용의가 있습니다.

여기, 디저트 카페 프랜차이즈 기업이 있다. 최근 경기부진과 경쟁 심화로 가맹점 매출이 줄고 있어 고민이다. 최근 본사 R&D 센터가 20대-30대 여성층을 주 타겟으로 하는 새로운 메뉴 'Set A'를 개발했다. 프랜차이즈 담당 부장은 보다 많은 가맹점에서 신메뉴를 판매하도록 독려해 매출 부진의 위기를 돌파하고자 한다.

가맹점들의 입장은 다소 부정적이다. 그동안의 사업 경험으로 비추어 볼 때, 신메뉴 도입이 매출 증대에 큰 도움을 주지 못한다고 느껴서다. 오히려 관리에 들어가는 비용 부담만 늘어난다는 인식이다. 가맹점들은 신메뉴보다 본사의 추가 지원과 적극적인 마케팅 노력이 필요하다고 생각한다. 가맹점 개설 초기에 비해 본사의 지원도 점점 줄어드는 듯 하다. 본사와 가맹점간에 체결한 공정 거래 협약도 개별 가맹점에서는 특별한 혜택이나 지원을 체감할 수 없다는 입장이다.

프랜차이즈 담당 부장인 당신은 B가맹점을 설득하여 신메뉴 'Set A'를 취급하도록 독려해야 한다. 신메뉴 출시는 기존 고객의 충성도를 높이고 신규 고객을 유치하는 좋은 기회다. 브랜드 이미지 향상과 가맹점 매출 증대로 이어질 것이다. 본사 자료에 따르면, 신메뉴 도입 시 가맹점 매출이 이전 대비 평균 10% 상승할 것으로 나타났다. 하지만 많은 가맹점들이 각자의 사정을 이유로 새로운 메뉴를 취급하려 하지 않는다. 16개의 가맹점 중에서 이번 신메뉴 'Set A'를 진행하기로 합의한 곳은 5곳 뿐이다.

B가맹점 점주는 3년 전 사업을 시작했다. 중소기업 임원으로 퇴직한 후 자영업을 고민하던 중, 지인의 추천으로 디저트 카페를 시작했다. 처음 걱정과는 달리 첫해에는 매출이 잘 나왔다. 본사의 지원과 정책도 만족스러웠다. 하지만 최근 들어 매출액이 예전 같지 않다. 경기도 경기지만 새롭게 생겨나는 경쟁 업체들의 영향이 큰 것 같다. 얼마 전 본사의 기존 관리자가 퇴사를 하고 새로운 관리자가 배정되었다. 새로운 관리자가 가맹점의 입장을 이해하고 도움을 줄 수 있기를 바란다. 신메뉴 도입은 신경이 많이 쓰이는 일이다. 매출이 크게 늘지 않는데다, 비용과 관리 부담만 늘어나기 일쑤다. 신메뉴에 대한 고객 반응이 좋지 않으면 불필요한 손해만 볼 수도 있다. 그러나 마냥 거절할 수도 없는 노릇이다. 이번 신메뉴는 과연 효자 노릇을 할까?

Block 1. 현황 분석 Status Analysis

상대방 분석

1. 전략 수립의 기초자료
2. 신뢰 구축
3. 갈등 관리

가맹점주는 경제적인 부담감과 경쟁 업체의 증가, 본사의 지원 감소로 불안해하고 있다. 가맹점주의 이러한 불안감을 해소하고 보다 적극적으로 신제품을 도입할 수 있도록, 기업 담당자는 신제품 도입의 장기적 이익과 본사의 지원 방안을 상세하게 설명해야 한다.

이해관계자 분석

1. 협력 및 조정
2. 갈등 및 위험 관리
3. 지지 확보

가맹점주와 관련된 이해관계자는 가맹점의 고객, 가맹점 직원, 지역 커뮤니티, 경쟁업체 등이다. 관리자는 각각의 이해관계자의 니즈를 파악해 가맹점 직원의 교육, 고객의 호감도 증진, 본사의 추가 지원, 그리고 경쟁업체에 대한 전략적 대응을 준비해야 한다.

기회요인 분석

1. 전략적 이점 활용
2. 창의적 해결책 도출
3. 긍정적 분위기 조성

신제품 'Set A'는 20대-30대 여성층을 타겟으로 한 제품이다. 본사 자료에 따르면 신제품 도입 시 가맹점의 매출이 평균 10% 상승할 전망이다. 이러한 정보를 B가맹점주에게 제공하고, 신제품 도입이 가맹점의 매출 증대에 어떻게 기여할 수 있는지를 설명해야 한다.

위협요인 분석

1. 리스크 관리
2. 위기 대응 전략 수립
3. 협상의 안정성 확보

경기 부진과 경쟁 심화는 가맹점의 매출 감소로 이어지고 있다. 담당자는 이러한 위협 요인들에 대해 B가맹점주와 함께 고민하고, 신제품 도입이 이러한 문제를 어떻게 완화할 수 있을지를 설명해야 한다. 또한, 본사의 지원 감소에 대한 가맹점주의 우려를 해소하기 위해 향후 지원 계획을 구체적으로, 명확하게 설명해야 한다.

SA 1. 현황 분석

상대방 분석

- 노후 자금으로 사업
- 사업에 대한 불안감
- 본사의 추가 지원 기대
- 신메뉴에 대한 기대와 불안

이해관계자 분석

- 가맹점 고객
- 가맹점 직원들
- 지역커뮤니티
- 경쟁업체 등

기회요인 분석

- 6개월간 과학적 분석
- 20-30대 여성층 타겟
- 매출 평균 10% 상승
- 본사의 지원 정책

위협요인 분석

- 경기 부진
- 경쟁 심화
- 가맹점 매출 감소
- 본사 지원 미흡 불만

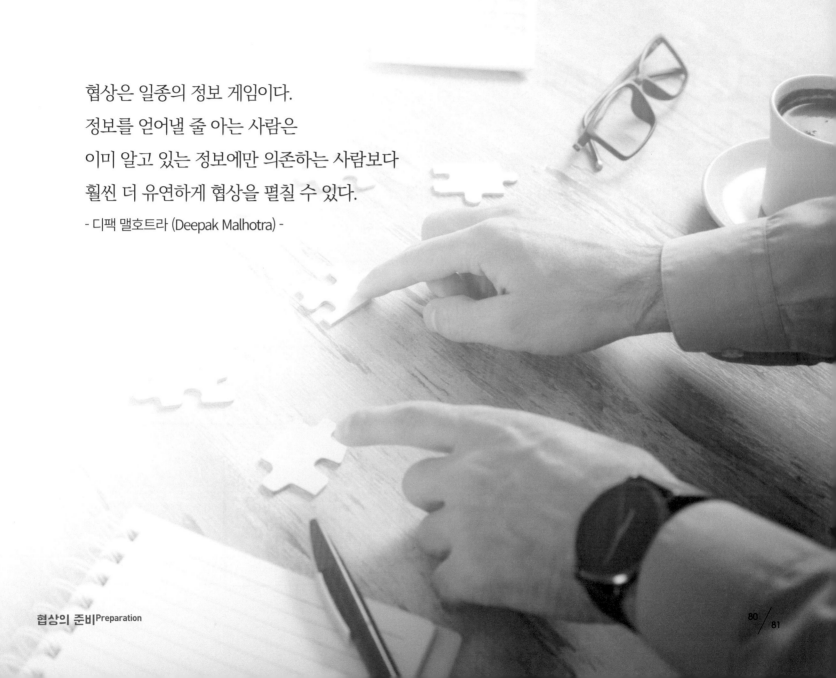

협상은 일종의 정보 게임이다.
정보를 얻어낼 줄 아는 사람은
이미 알고 있는 정보에만 의존하는 사람보다
훨씬 더 유연하게 협상을 펼칠 수 있다.

- 디팩 맬호트라 (Deepak Malhotra) -

Block 2.
목표 설정
ESTABLISHING OBJECTIVES

목표는 성공 협상의 필수 요소다.
구체적이고, 수치화된 목표는
전략 수행의 용이성과 효율성을 높인다.

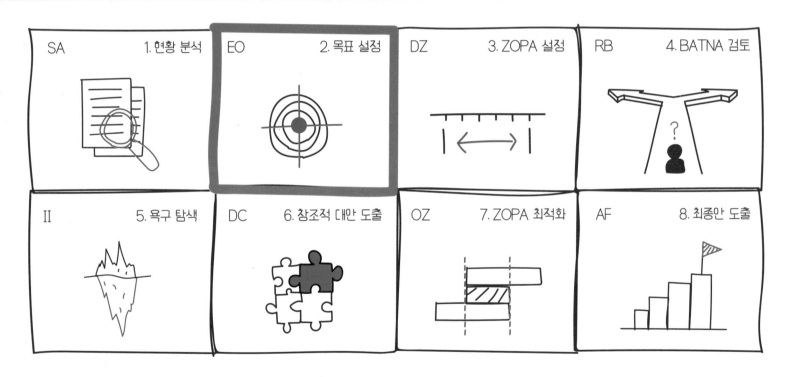

| SA 1. 현황 분석 | EO 2. 목표 설정 | DZ 3. ZOPA 설정 | RB 4. BATNA 검토 |
| II 5. 욕구 탐색 | DC 6. 창조적 대안 도출 | OZ 7. ZOPA 최적화 | AF 8. 최종안 도출 |

비즈니스 협상 모델의 탄생 에잇 블록 협상 모델

목표가 없으면
전략을 수립할 수 없다!

협상을 성공적으로 이끌기 위해 두 번째로 준비해야 할 항목은 목표 설정이다. 협상은 목표 달성을 위한 수단이라서다.

목표를 설정해야 전략을 수립할 수 있다. 명확한 목표를 설정하는 일은 건물 짓기에서 설계도를 그리는 것과 같다. 설계도 없이 건물을 지으면 구조적으로 취약할 수밖에 없다. 자원과 시간도 허비된다. 결국 목적에 부합하지 않는 결과물로 이어진다.

목표를 설정하는 과정은 협상의 방향성을 제공해준다. 자원과 시간을 효율적으로 활용할 수 있게 해준다. 협상 성과 평가의 기준을 만들어준다. 궁극적으로 협상 역량 향상으로 이어진다.

목표 설정의 중요성

The Importance of establishing objectives

협상에서 목표 설정은 여행 계획의 수립과 비슷하다. 여행을 준비할 때, 우리는 먼저 어디를 방문할지 결정하게 된다. 협상도 마찬가지로 자신이 원하는 결과를 먼저 명확히 정해야 한다. 그렇지 않다면, 방향성 없이 이리저리 무작정 움직이게 되고, 결국 원하는 결과를 도출하지 못하게 된다.

다음으로 목적지에 도달하는 방법, 방문하고자 하는 명소, 숙박 장소, 식사 장소 등을 포함한다. 이는 전체 여행 경험의 품질을 결정하며, 협상에서 세부 목표를 설정하는 것과 같다. 이러한 세부 목표는 전체 협상의 성공을 보장하는 중요한 구성 요소이다.

좋은 여행 계획에는 유연성이 필수적이다. 예상대로 흘러가지 않을 때를 대비하여, 계획을 재조정할 수 있는 여유가 필요하다. 비행기 지연이나 나쁜 날씨, 기대에 미치지 못하는 관광지 등을 대비해야 한다. 협상도 다르지 않다. 예상치 못한 문제가 발생했을 때 목표를 조정하고 유연하게 대처 할 수 있어야 한다.

성공적인 협상을 위해서는 어떤 결과를 원하는지 정의하고, 그것을 이루기 위한 세부 계획을 수립하고, 필요에 따라 유연하게 계획을 조정하는 것이 중요하다. 목표 설정과 관리가 성공적인 협상의 열쇠다.

목표 설정 단계에서 주의할 점은 다음과 같다.

첫째, 현실적인 목표를 설정하는 것이 중요하다. 목표가 현실적이지 않으면 상대방이 이해하거나 수용하기 어렵다. 또한, 현실성 없는 목표는 협상과정에서 충돌을 야기한다.

둘째, 구체적인 목표를 세우는 것이 중요하다. 이는 SMART 원칙(Specific, Measurable, Achievable, Relevant, Time-bound)을 참고하면 도움이 된다. 목표 달성 가능성이 높아진다.

셋째, 목표 설정시 유연성을 유지하는 것이 필요하다. 협상은 동적인 과정이기 때문에, 유연성을 잃으면 적절한 타협점을 찾기 어렵다.

넷째, 모든 이해관계자를 고려하며 목표를 설정하는 것도 중요하다. 이해관계

자들의 입장과 필요성을 이해하면 타협점을 찾고, 공정한 합의를 도출하는데 도움이 된다.

마지막으로, 예상 결과 시나리오를 고려해야 한다. 최선의 결과, 기대 결과, 그리고 최악의 결과에 대한 시나리오를 생각하면, 각 시나리오에 대비하고 적절한 전략을 준비하는데 도움이 된다.

목표 설정의 필요성과 효과

방향성 제시

명확한 목표 설정은 수량, 가격, 품질, 납기 등 중요 요소에 집중할 수 있게 해준다. 협상 안건에 대한 우선순위를 정하고, 누락되는 요소가 생기지 않도록 대비할 수 있다. 납기를 최우선 항목으로 설정하면 그에 부합하는 결과를 얻기 위한 전략의 방향성을 결정할 수 있다.

자원의 효율적 활용

목표 설정을 통해 시간과 자원을 효율적으로 활용할 수 있다. 중요도에 따라 시간을 효율적으로 배분하고, 주요 사항에 보다 집중할 수 있다. 품질을 가장 중요한 목표로 설정하면 품질과 관련된 사항에 더 많은 시간과 자원을 활용할 수 있다.

성과 평가

협상 결과를 평가하고 개선할 수 있다. 목표를 기준으로 협상 결과를 분석해 성공 여부 및 개선사항을 객관적으로 도출할 수 있다. 목표로 설정한 가격에 도달했는지를 평가함으로써 협상 성과를 측정할 수 있으며, 이를 통해 지속적으로 협상 능력을 향상시킬 수 있다.

전략 수립의 근거

목표가 없으면 전략을 수립할 수 없다. 주요 안건에 대한 구체적인 목표를 통해 전략의 근거와 기준을 마련할 수 있다. 예를 들어, 10% 가격 인하를 목표로 설정함으로써 제안의 범위와 수용가능한 범위를 전략적으로 계획할 수 있다.

의사결정의 기준

명확하고 구체적인 목표는 의사결정의 기준이 된다. 상대방의 요구나 제안에 대한 수용 여부를 신속하게 결정할 수 있다. 가격에 대한 명확한 목표가 있으면 상대방의 가격 제안이 목표에 부합하는지를 빠르게 판단하고 대응할 수 있다.

EO 2. 목표 설정

우선순위	협상안건	최종목표
①		
②		
③		
④		
⑤		
기타		

비즈니스 협상의 목표 설정 방법론을 다음과 같이 제시한다. 먼저, 이번 협상에서 다룰 주요 안건을 도출한다. 현황조사를 통해 어떤 이슈가 쟁점이 되는지 파악해야 한다. 주로 가격, 공급량, 기간, 조건 등과 같은 것들이 해당된다. 다음으로, 도출한 안건들을 검토하여 각 안건의 중요도와 우선 순위를 결정한다. 이를 위해선 이번 협상의 궁극적 목표가 무엇인지 파악하는 게 필요하다.

다음은 최종 목표 수립이다. 최종 목표는 각 안건에 대해 만족할 만한 수준을 의미한다. 이는 협상에서 이루고자 하는 목표나 결과를 구체적으로 정의하는 과정이다. 마지막으로, 달성해야 할 각 목표를 위한 전략과 계획을 수립한다. 이는 협상에서 사용할 전략과 접근 방식을 말하며, 각 목표를 달성하기 위한 대략적인 계획을 의미한다.

1. 우선순위

중요도 기준으로 다양한 어젠다의 우선순위를 정한다. 우리에게 덜 중요한 어젠다는 양보하고, 더 중요한 어젠다에 집중하여 상호 윈윈하는 협상을 이끌어 낼 수 있다.

2. 협상 안건

이번 협상에서 다룰 어젠다를 빠짐없이 기록한다. 대표 어젠다뿐 아니라 숨어 있는 어젠다까지 찾아낸다. 어젠다를 다양하게 준비하여 유연한 협상을 주도적으로 수행할 수 있다.

3. 최종 목표

이번 협상의 결과물로서, 만족할 만한 수준의 목표를 가리킨다. 구체적인 수치로 작성하며, 어젠다별로 구분하여 설정한다. 합리적이고, 실현가능한 목표를 설정하는 것이 중요하다.

목표 설정이론(Goal Setting Theory)

의식적인 목표나 의도가 동기의 기초이자, 행동의 지표가 된다는 이론이다. 로크(Edwin A. Locke)에 의한 동기 이론으로서, 인간 행위는 본능, 욕구, 조건 형성 등이 아닌 의식적인 목표나 의도에 의해 이루어진다는 것. 로크는 목표가 인간 활동을 직접 조절하는 기능을 가지며, 설정된 목표는 관심과 행동의 지표를 제공한다고 말한다.

또한 목표는 개인으로 하여금 목표 달성을 위한 동기를 유발케 한다. 로크는 구체적이고 도전적인 목표가 설정된 경우, 목표가 쉽거나 애매하거나 없는 경우보다 더 높은 수준의 수행을 한다는 연구 결과를 제시했다.

#협상목표 #우선순위 #어젠다
#계획 #최종목표 #협상안건
#단기목표 #장기목표 #전략구상

SMART 기법

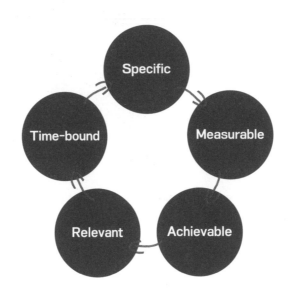

SMART 기법은 목표 설정에 관한 체계적인 접근 방식을 제시하는 것으로, 기업 경영이나 개인의 목표 달성에도 널리 활용되고 있다. 1981년 조지 T. 도란(George T. Doran)이 처음으로 소개한 기법으로 목표 설정의 효과성을 높이고 목표 달성을 간소화하기 위한 목적으로 사용된다.

과거에는 목표 설정이 다소 모호한 형태로 이루어졌다. 목표의 이해도가 낮아 추적과 평가가 어렵고 주관적으로 이루어지는 문제점이 있었다. 때문에 목표를 구체적이고 측정 가능한 형태로 설정하여 목표 달성을 좀 더 효과적으로 이끌어내기 위한 필요성이 대두되었다.

SMART 기법은 목표 설정의 명확성과 측정 가능성을 강조함으로써 목표 달성의 효과성을 높여주고, 목표 달성에 필요한 계획과 실행의 효율성을 높여준다. 이는 개인이나 조직이 목표를 명확하게 이해하고 추적 가능한 방향으로 나아가며 보다 성공적인 결과를 이루어 낼 수 있도록 도와준다.

한 기업이 협력사와의 공급 계약 협상을 진행한다고 가정하자. 이 경우, SMART 기법을 적용하면 다음과 같은 협상 목표를 설정할 수 있다.

Specific 구체적

목표는 명확하고 구체적이어야 한다. 누구나 이해할 수 있도록 명확한 이해를 돕는 세부 사항을 포함해야 한다.

▶ 공급 계약 체결을 위해 원가 인하, 납기 단축, 및 품질 보증을 협상하자.

Measurable 측정 가능

목표 달성 여부를 평가할 수 있는 기준이 필요하다. 측정 가능한 지표를 통해 목표의 진척 상황을 확인하고, 필요한 조치를 취할 수 있다.

▶ 원가를 15% 인하하고, 납기를 5일 단축하며, 제품 불량률을 2% 이하로 유지하자.

Achievable 실현 가능

목표는 현실적이고 도달 가능한 수준으로 설정되어야 한다. 자원, 시간, 기술 등의 제약 사항을 고려하여 설정한 목표는 동기를 부여하고, 성공 확률을 높여준다.

▶ 기존 공급 업체의 원가 인하 여력과 납기 단축 능력을 고려하여 협상 목표를 설정하자.

Relevant 관련성

목표는 당사자의 이익, 가치, 전략 등과 관련이 있어야 한다. 관련성 있는 목표는 조직이나 개인의 우선 순위에 부합하며, 달성 시 전체적인 비전이나 계획에 도움이 된다.

▶ 원가 인하, 납기 단축 및 품질 보증은 기업의 이익 증대와 경쟁력 향상에 기여한다. 이를 통해 협력사와의 장기적인 파트너십을 강화하자.

Time-bound 시간 제한

목표에는 구체적인 시간 제한이 있어야 한다. 기한을 정함으로써 목표 달성에 집중할 수 있으며, 시간의 제약을 고려한 계획을 수립할 수 있다.

▶ 다음 달 15일까지 협상을 완료하고 최종 공급 계약을 체결하자.

목표 설정을 위한 질문

협상 안건

- 이번 협상에서 다룰 주요 어젠다는 무엇인가?
- 가격 이외에 반드시 지켜내야 할 어젠다는 무엇인가?

우선 순위

- 각 안건 중 어떤 것이 가장 중요한가?
- 어떤 안건은 상대적으로 덜 중요한가?
- 우선순위를 결정하는 기준은 무엇인가?

각 안건별 최종목표

- 각 안건에 대해 원하는 결과는 무엇인가?
- 최선의 결과는 무엇이고, 최소한의 결과는 무엇인가?
- 각 안건에 대한 내 관점과 상대방의 관점은 무엇인가? 차이는 무엇인가?

비즈니스 협상 모델의 탄생 **에잇 블록 협상 모델**

질문에 대한 기대효과

협상 안건

1. 명확성 • 협상의 주요 이슈와 관심사를 명확하게 정의함으로써 쌍방의 의사소통을 돕는다.

2. 효율성 • 중요한 이슈를 먼저 처리하고, 시간과 자원을 적절하게 분배한다.

3. 집중력 향상 • 주요 이슈에 초점을 맞춤으로써 협상 과정에서의 산만함을 줄인다.

우선 순위

1. 목표 달성 • 가장 중요한 목표부터 차례대로 처리함으로써 전체 협상 결과에 만족할 확률이 높아진다.

2. 협상력 강화 • 각 이슈에 대한 중요도를 인식함으로써 양 당사자의 협상력을 향상시킨다.

3. 타협 유도 • 우선 순위에 따라 어떤 이슈에서 양보할지 결정함으로써 더 나은 타협안을 도출한다.

각 안건별 최종목표

1. 성공 기준 확립 • 각 안건에 대한 목표를 설정함으로써 협상의 성공 여부를 평가할 수 있는 기준을 마련한다.

2. 구체성 강화 • 목표를 구체화함으로써 협상 과정에서의 명확성과 실행 가능성을 높인다.

3. 비전 공유 • 양 당사자가 각 안건에 대한 목표를 명확하게 이해하고 공유함으로써 상호 우호적인 협상을 진행한다.

Case. 천재 과학자 아인슈타인의 마음을 사로잡은 협상
"원하는 연봉의 5배를 드리겠습니다"

1930년 프린스턴 고등연구소(The Institute for Advanced Study, IAS) 설립 당시의 일이다. 초대 소장으로 부임한 에이브러햄 플렉스너(Abraham Flexner)는 세계 최고의 기초과학 연구소를 꿈꾸며, 각 분야 최고의 석학들을 영입했다. 불완전성 정리와 수학적 논리학을 정립한 커트 괴델(Kurt Gödel), 양자역학의 수학적 기초를 다진 존 폰 노이만(John von Neumann), 게임이론을 개발한 오스카 모르겐슈테른(Oskar Morgenstern) 등이 당시의 인물들이다.

알베르트 아인슈타인(Albert Einstein) 역시 그 중 한 명이었다. 아인슈타인은 이미 세계적으로 명성을 얻은 물리학자로, 그의 상대성 이론은 과학계에 큰 파장을 일으켰다. 플렉스너는 아인슈타인이 연구소의 간판 스타로서 다른 뛰어난 학자들의 합류 동기가 될 것이라고 생각했다. 문제는 연봉이었다. 대략 15,000$ 선이었던 다른 학자들과 비교해, 플렉스너는 아인슈타인의 연봉을 20,000$ 이상으로 정해 둔 상태였다.

한편, 아인슈타인이 거주하던 독일의 정치 상황은 매우 불안정했다. 나치당이 정권을 장악하면서 독일 모든 사회 문제의 원인으로 유대인을 지목했다. 나치당은 과학과 교육 분야에도 이념을 강요했다. 독일의 학계와 연구 환경은 매우 악화되었다. 유대인 학자들과 지식인들은 큰 위협을 느꼈다. 이런 아인슈타인에게 플렉스너의 제안은 기회이자 희망이었다. IAS 개원 예정이던 1933년, 히틀러가 집권했다. 독일에 있던 아인슈타인의 집과 모든 재산은 압류당했다.

여러 차례 만남 끝에 아인슈타인이 제시한 연봉은 뜻밖에도 3,000$였다. 유럽에서 받는 연봉과 동일한 수준이었다. 당시 미국 학자의 평균 연봉이 7,000$인 점을 감안하면 매우 낮은 금액이었다. 근무기간은 1년에 6.5개월이었다. 나머지 기간은 진행 중인 다른 연구소 혹은 프로젝트에 자유롭게 참여하기 위해서였다. 추가로 자신의 연구비서를 IAS 연구원으로 함께 임명해주기를 원했다.

비즈니스 협상 모델의 탄생 **에잇 블록 협상 모델**

생각보다 너무 낮은 수준의 조건이었다. 플렉스너 입장에선 망설일 게 없었다. 하지만 플렉스너의 협상은 달랐다. 연구비서와 근무기간 조건을 모두 수용하면서 아인슈타인이 제시한 연봉의 5배 금액인 15,000$로 그를 영입했다. 상대의 요구 조건보다 훨씬 높은 조건을 제시한 플렉스너의 협상, 어떻게 평가할 수 있을까?

'아인슈타인 영입'이라는 단기적 목표만 생각하면 플렉스너의 협상은 아쉬울 수 있다. 상대가 제시한 조건보다 훨씬 더 많은 걸 내어주는 것은 명백히 비효율적이고 과도한 것처럼 보인다. 하지만 협상의 장기적 목표를 고려한다면?

아인슈타인은 IAS의 명성을 높이는 데 최고의 카드였다. 게다가 세계적인 학자들을 영입할 때에도 아인슈타인의 존재 자체가 커다란 역할을 했다. 아인슈타인의 이런 존재감과 영향력을 생각한다면 15,000$의 연봉은 결코 과도하지 않았다. 애초 플렉스너가 책정해두었던 20,000$ 연봉보다도 낮은 금액이었다.

플렉스너의 협상에서 눈 여겨 볼 점은 상대의 불리한 상황을 역이용하지 않았다는 점이다. 나치 정부로부터 박해 받고 있던 아인슈타인으로서는 플렉스너가 어떤 조건을 제시하더라도 거절하지 못했을 것이다. 얼핏 생각하면 적은 연봉으로 최고의 학자를 영입할 수 있으니 이보다 좋은 기회는 없다. 하지만 플렉스너는 근시안적 사고에 머물지 않았다. 아인슈타인의 학문적 가치를 인정하고, 존중했다. 우수한 연구환경과 최고의 대우를 제공했다. 아마도 아인슈타인은 플렉스너의 이런 태도에 적지 않은 감동을 받았을 거다. 이후 아인슈타인은 미국 최고의 대학들로부터 스카우트 제의를 받았지만, 모두 거절했다. 아인슈타인은 1933년부터 그가 사망한 1955년까지 IAS의 일원으로 남았다.

단기 목표보다 장기 목표가 중요한 이유

Specific 지속적인 이익 추구

장기 목표는 단기적인 이익보다 지속 가능한 이익을 추구하는 데 초점을 맞춘다. 이는 비즈니스 성장과 안정성에 기여한다. 미래의 경쟁력 유지에도 도움이 된다. ▶

아인슈타인의 영입으로 IAS의 명성을 높이고, 학계에서의 위치를 강화했다. 다른 우수한 학자들을 더 쉽게 영입할 수 있게 되었다. 이는 IAS의 장기적이고 지속적인 이익을 추구하는 전략이었다.

Measurable 상호 신뢰 구축

장기적인 관점에서 협상을 진행하면 상대방과의 신뢰 관계를 구축하는 데 도움이 된다. 이는 장기적으로 협력관계를 유지하고, 더 나은 협상 결과를 도출할 수 있는 기반이 된다. ▶

아인슈타인에게 제기한 조건이 그의 가치를 충분히 반영하도록 하였다. 아인슈타인이 제시한 조건보다 더 높은 연봉을 제안함으로써 그의 학문적 가치를 인정하고 존중해 주었다. 아인슈타인과 플렉스너 사이에 끈끈한 신뢰 관계가 형성된 배경이다.

Achievable 전략적 사고 강화

장기 목표는 전체적인 비즈니스 전략과 연계된다. 단기 목표에 치우치지 않고 핵심 이슈에 집중할 수 있게 한다. 전략적 사고를 향상시키고, 결정 과정에 유용한 통찰력을 제공한다. ▶

단기적인 이익만을 고려하지 않았다. 장기적 관점의 전략을 세웠다. 아인슈타인이 제시한 조건보다 더 나은 조건을 제안하여 연구소의 장기적인 목표를 달성하는데 기여했다.

Relevant 리스크 관리

장기 목표를 고려하면 예측하지 못한 시장 변동이나 돌발적인 이슈에 대한 대응 능력이 향상된다. 잠재적 리스크를 최소화하고, 안정적인 비즈니스 환경을 구축할 수 있다. ▶

아인슈타인이 다른 연구소로 스카우트될 가능성을 인지하고, 보다 우수한 연구 환경 및 조건을 제공 했다. 아인슈타인은 희망과 비전을 보았다. IAS에 대한 소속감과 함께다. 아인슈타인이 다른 연구소로 떠날 이유가 사라진 거다.

Time-bound혁신 및 지속 가능한 성장

장기 목표를 설정하면 혁신적인 제품이나 서비스 개발, 지속 가능한 경영 방식 등에 더 많은 관심을 기울일 수 있다. 기업의 장기적인 성장성과 지속 가능한 경쟁력을 확보할 수 있다. ▶

플렉스너의 협상 전략은 연구소의 지속적인 성장과 혁신을 가능케 했다. 아인슈타인이 합류하면서 IAS의 연구 토대와 방법론은 고도화되었다. 이는 연구소의 지속적인 발전으로 이어졌다.

비즈니스 협상 모델의 탄생 **에잇 블록 협상 모델**

아인슈타인 영입 협상에서의 플렉스너의 목표 설정

우선순위	협상안건	최종목표
①	거주 공간	사택 제공
②	연봉	20,000달러
③	연구비서	2 명
④	근무기간	8개월 / 년
⑤	연구 환경	최고의 시설 보장
기타	자율성	연구 주제 및 교육 활동에 대한 자율성 보장

1. 거주 공간 : 플렉스너의 목표는 아인슈타인이 편안하게 생활하면서 연구에만 집중할 수 있도록 하는 것이다. 개인 사택은 새로운 환경에 빠르게 적응하고, 연구에 몰두할 수 있는 안정적인 환경을 제공한다. 아인슈타인의 만족도를 높이고, 그의 지속적인 연구 활동을 보장하는 데 도움이 된다.

2. 연봉 : 20,000$는 아인슈타인의 명성과 존재감을 반영한 최소 금액이다. 이는 아인슈타인에게 그의 지식과 노력이 적절하게 보상받는다는 느낌을 줄 것이다. 아인슈타인의 열정을 지속시키고, 가진 역량을 최대한 활용하도록 돕는다.

3. 연구비서 : 아인슈타인의 연구를 지원하기 위해 필요한 인력을 제공한다. 연구비서 2 명을 통해 아인슈타인은 자신의 연구에 필요한 자료를 빠르게 얻을 수 있다. 그의 연구 효과와 효율이 배가된다. 아인슈타인의 생산성을 높이고, 연구 결과를 보다 빠르게 도출하는 데 도움이 된다.

4. 근무기간 : 플렉스너는 아인슈타인에게, 연구에 필요한 시간과 함께 개인적인 시간과 휴식을 보장해주었다. 이는 아인슈타인이 연구와 개인 생활 사이의 균형을 유지하면서 효과적으로 일할 수 있도록 돕는다.

5. 연구환경 : 최고의 연구 환경을 제공함으로써, 아인슈타인의 연구 효율성과 품질을 높일 수 있다. 아인슈타인이 최신의 장비와 자료를 이용하여 혁신적인 연구를 할 수 있도록 돕는다.

6. 자율성 : 아인슈타인에게 연구 주제와 교육 활동에 대한 완전한 자율성을 제공함으로써, 그의 창의성과 통찰력을 촉진한다. 그가 자신의 역량을 최대한 활용하고, 그의 연구가 더 광범위하고 깊은 영향을 미치도록 돕는다.

EO 2. 목표 설정

우선순위	협상안건	최종목표
①	거주 공간	사택 제공
②	연봉	20,000달러
③	연구비서	2 명
④	근무기간	8개월 / 년
⑤	연구 환경	최고의 시설 보장
기타	자율성	연구 주제 및 교육 활동에 대한 자율성 보장

Case. 자동차(택시) 구매 공급 협상 사례
최고자동차 vs 한강택시

㈜최고자동차는 매출 규모 국내 3위의 자동차 제조회사다. 1975년 설립 이후 대한민국의 경제 발전을 견인하며 성장해왔다. 90년대 후반의 IMF 위기를 제외하면 큰 어려움도 없었다. 그런데 최근 미중 무역 분쟁의 여파로 수출 시장에 적신호가 켜졌다.

이에 경영진은 내수시장에 촉각을 곤두세우고 있다. 그러던 중 영업팀은 택시업계 2위인 ㈜한강택시에서 사세 확장을 위해 다량의(200~300대 추정) 택시 구매를 추진 중이라는 정보를 입수했다.

회사의 총력을 기울여 이번 계약을 성사시켜야 하는 상황. 영업팀은 한강택시 구매팀과 접촉해 오는 15일 1차 미팅을 갖기로 했다.

한강택시는 34년 전통을 자랑하는 건실한 택시 운수회사다. 서울 지역을 영업 거점으로 한다. '기사의 행복이 곧 고객 감동'이라는 슬로건 아래 근로자 권익 보호에 앞장서며, 안정적으로 성장해오고 있다.

부산이 고향인 강성실 사장이 1983년 설립해 현재까지 경영하고 있다. 기사 포함 전체 직원 수는 300여명 규모로 국내 택시 업계 2위다.

회사는 지난 달 경영진 회의에서 금년 하반기에는 보다 공격적인 경영을 펼치기로 결정했다. 택시 200여대를 추가 도입해 영업망 확충에 나서기로 한 거다. 총예산은 50억 원. 2,500cc급 차량 200여대 구매를 계획하고 있다. 예산 범위 내에서 최대한 많은 차량을 확보하는 것이 구매팀의 숙제다.

㈜최고자동차는 2,500cc 'C5'를 택시 주력 차종으로 생산하고 있다. 심플한 디자인과 검증된 성능으로 중장년층에게 인기가 있다. 현재 국내 택시 시장의 약 35%를 차지하고 있는 모델이다. 최고자동차는 국내 자동차 AS 부문 3년 연속 1위를 달성했다. 최고자동차의 평균 영업이익률은 약 13%. 'C5'에 소요되는 모든 인적 물적 비용을 감안한 원가율은 80%다.

최고자동차 택시 'C5' 모델의 영업점 판매가는 대당 2천6백만 원이다. 100대 이상 대규모 계약에 대한 영업팀의 가격 재량은 회사의 영업이익률을 고려해 판단해야 한다. 그 이상은 재무팀의 승인을 얻어야 한다. 2년 전, 300대 계약 건에서 10% 할인율을 적용한 선례가 있다.

일반적으로 엔진 등 주요 부품에 대한 무상보증기간은 6개월이다. 특별한 경우, 심사를 거쳐 1년까지 가능하나 원가에 포함된다. 생산기간은 200대에 3개월이 소요된다. 생산 시설 및 노사 문제 등 만일을 대비해 여유를 두는 것이 좋다.

한편, 재무팀장은 대규모 계약인 만큼 그에 따른 채권관리 문제로 머리가 복잡하다. 영업팀은 팀장과 과장, 대리로 구성되어 있다. 이번 협상의 최종 결정은 영업 총괄임원인 상무가 한다. 이번 프로젝트 결과는 영업팀 전체의 인사 고과 및 인센티브와 직결된다.

한편, 한강택시 구매팀은 지난 10일, ㈜코리아자동차와 1차 협상을 가졌다. 코리아자동차의 택시 주력모델은 2,500cc 'T5'다. 차량 금액은 2,500만원. 코리아 측은 이번 계약을 반드시 성사시키고 싶다며 10% 가격 할인을 제안했다.

하지만 'T5'는 국내 택시 시장의 5% 점유율에 그친다. 타 자동차 브랜드 대비 서비스센터 수가 적다는 단점이 있다. 그래서 구매팀은 가격 협상만 잘 된다면 ㈜최고자동차의 'C5' 모델을 도입할 생각이다. 'C5' 택시의 영업점 판매가는 대당 2,600만원. 오는 15일 최고자동차 영업팀의 요청으로 1차 미팅이 잡혀있다.

회사는 사업상 대부분의 거래를 6개월 만기 어음으로 결제하고 있다. 특별한 사정이 있을 경우, 재무팀장의 승인을 받아야 한다. 구매 계약이 체결되면 늦어도 3개월 이내에는 출고되어야 영업 계획에 차질이 없다. 일반적으로 택시 신차 구매 시 주요 부품 무상보증 기간은 6개월이다. 구매하는 입장에서는 기간이 길수록 좋다.

한편, 회사는 5년 전 ㈜형제자동차로부터 200대를 구입한 이력이 있다. 별다른 문제는 없었으나, 담당자의 잦은 변경으로 사후관리가 잘 안되어 거래처를 바꾸자는 목소리가 나왔다. 구매팀은 팀장과 과장, 대리로 구성되어 있다. 최종 결정은 구매팀 총괄 임원인 상무가 한다. 이번 프로젝트 결과에 따라 팀장의 임원 승진 여부도 결정될 전망이다.

※ 영업이익률 = {(판매가 – 원가) / 판매가}X 100
　　판매가 = 원가 / (1 – 영업이익률)

㈜최고자동차 목표 설정

우선순위	협상안건	최종목표
①	가격	7% 할인
②	수량	300대
③	AS	무상보증 6개월
④	결제조건	최대 3개월
⑤	계약금	20%
⑥	납기	3개월
기타	기타	장기적 파트너십 구축

전략계획

가격
7%의 할인율을 제안하되, 할인율 10%의 선례를 감안하여 유동적인 가격 협상 전략을 구사한다. 필요한 경우, 재무팀의 승인을 얻는다.

수량
한강택시의 요구 수량(200~300대)을 정확하게 파악하고, 회사의 생산 능력과 일정을 고려하여 최적의 수량을 제안한다.

AS
기본적으로 6개월의 무상 보증 기간을 제공한다. 특별한 경우에는 1년까지의 보증 기간을 제공할 수 있도록 사전에 전략을 세운다.

결제 조건 및 계약금
회사의 채권 관리 상황을 고려하여 안정적인 결제 조건과 적절한 계약금을 협상한다.

납기
생산 기간(3개월)과 노사 문제 등을 고려하여 납기일을 확정한다. 만약의 경우를 대비해 다소간의 시간적 여유를 두는 것이 좋다고 전달한다.

기타
한강택시 측의 추가적인 요구 사항이나 조건이 제시될 경우, 회사의 이익과 한강택시와의 장기적인 관계를 고려하여 적절한 대응 전략을 세운다.

㈜한강택시 목표 설정

우선순위	협상안건	최종목표
①	가격	10% 할인
②	수량	214대
③	AS	무상보증 1년
④	결제조건	최대 6개월
⑤	계약금	10 %
⑥	납기	3개월
기타	기타	장기적 파트너십 구축

전략계획

가격
㈜최고자동차의 'C5' 모델과 ㈜코리아자동차의 'T5' 모델을 비교 분석하여, 최대한의 할인율을 협상한다. ㈜코리아자동차의 10% 할인 제안을 고려하여 ㈜최고자동차와 협상한다.

수량
예산 범위 내에서 최대한 많은 차량을 확보하도록 협상한다.

AS
6개월의 무상 보증 기간을 기본으로 하되, 가능하다면 무상 보증 기간을 늘이는 방향으로 협상한다.

결제 조건 및 계약금
기존에 사용하던 6개월 만기 어음 결제 방식을 제안하되, 필요한 경우 재무팀장의 승인을 받아 보다 유연한 결제 조건을 확보한다.

납기
3개월 이내의 출고를 요구하여 영업 계획에 차질이 없도록 한다.

기타
거래처와의 장기적인 관계를 고려하여 사후 관리 및 서비스에 대한 협상도 진행한다.

비즈니스 협상 모델의 탄생 에잇 블록 협상 모델

목표는 단지 협상의 도구가 아니다.

협상의 모든 것, 전부다.

- 스튜어트 다이아몬드 (Stuart Diamond) -

Block 3.
ZOPA 설정

DETERMINING THE ZOPA

가격의 합의 가능 영역을 예측한다.
각 요소의 값을 사전에 준비함으로써
의사결정의 기준을 제시한다.

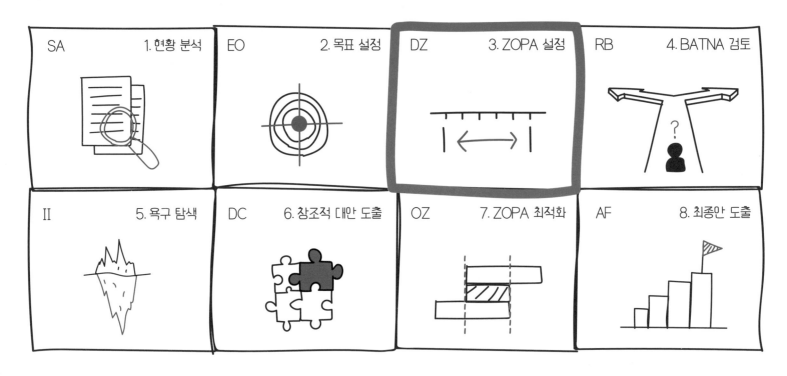

SA 1. 현황 분석	EO 2. 목표 설정	DZ 3. ZOPA 설정	RB 4. BATNA 검토
II 5. 욕구 탐색	DC 6. 창조적 대안 도출	OZ 7. ZOPA 최적화	AF 8. 최종안 도출

비즈니스 협상 모델의 탄생 **에잇 블록 협상 모델**

상대와의 협상보다
자신과의 협상이 먼저다!

ZOPA(조파). Zone Of Possible Agreement의 약자다. '합의 가능 영역'을 뜻한다. 주로 가격 협상을 준비하는 도구로 활용된다. 개념을 확장하면 가격 뿐 아니라 협상 어젠다별 의사결정 범위에도 활용할 수 있다. 협상 전에 목표가격(Target price), 희망가격(Desired price), 결렬가격(Walk away price)을 결정하고, 상대의 ZOPA도 추측해 봄으로써 주도적인 협상, 예측 가능한 협상을 수행할 수 있다.

합의 가능 영역 설정

ZOPA : Zone Of Possible Agreement

ZOPA 설정은 협상을 준비할 때 자신의 목표를 효율적으로 달성하기 위한 방법이다. 먼저, 자신의 목표가격, 희망가격, 결렬가격을 결정한다. 시장 조사, 유사한 거래의 경험 등 신뢰할 수 있는 정보와 분석을 활용하여 가격 범위를 결정하는 것이 중요하다.

ZOPA 설정은 수치를 다루는 과정으로 수학적 사고가 요구된다. ZOPA의 각 항목의 값을 정할 때 단순한 어림짐작이나 희망사항이 아니라 데이터를 바탕으로 가능한 한 객관적 근거를 마련해야 한다. 이러한 수치적인 설정은 협상에 필요한 정확성과 타당성을 제공하며, 협상 과정에서 효율적인 의사결정을 돕는다.

ZOPA 설정은 협상의 특성과 목표에 따라 유연하게 조정될 수 있다. 협상 과정에서 새로운 정보나 변화된 조건이 발생할 경우, ZOPA 설정을 업데이트하고 조정할 수 있다. 이는 협상자가 유연하게 대처하고 조율하는 데 도움을 주며, 협상 결과에 더욱 긍정적인 영향을 미친다.

ZOPA 설정은 협상을 효과적으로 진행하고 목표를 달성하는 데 큰 영향을 미치는 중요한 단계이다. 수치를 다루는 이 과정에서 객관적인 데이터와 기준을 활용하며, 현실적이고 합리적인 목표를 설정할 수 있다. 이는 협상의 효율성과 합의 가능성을 높이는 데 도움이 되며, 협상 과정에서의 의사소통과 신뢰성을 강화한다.

ZOPA 설정 단계에서 주의할 점은 다음과 같다.

첫째, 과대평가나 과소평가 없이 현실적인 희망가격, 목표가격, 결렬가격을 설정해야 한다. 주관적인 판단으로 현실적이지 않은 가격을 설정하면, 협상이 교착상태에 빠지거나 실패할 수 있다. 시장조사를 통해 객관적인 기준을 마련하는 것이 필요하다.

둘째, 상대방의 입장을 고려하여 ZOPA를 설정해야 한다. 상대방의 가격 범위를 이해하고 고려하면 협상 과정에서 충돌을 줄이고, 보다 합리적인 합의를 도출하는 데 도움이 된다.

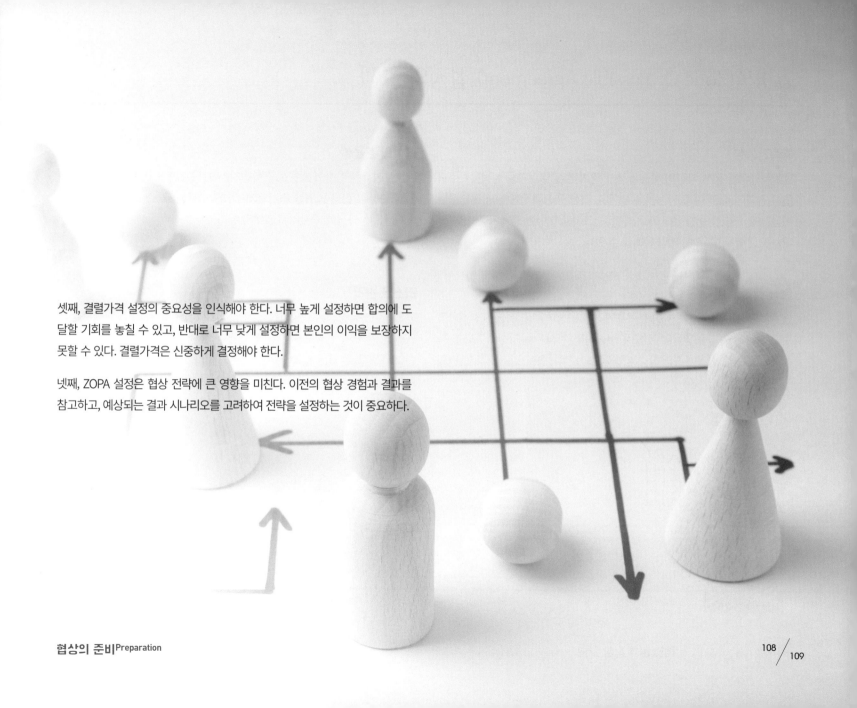

셋째, 결렬가격 설정의 중요성을 인식해야 한다. 너무 높게 설정하면 합의에 도달할 기회를 놓칠 수 있고, 반대로 너무 낮게 설정하면 본인의 이익을 보장하지 못할 수 있다. 결렬가격은 신중하게 결정해야 한다.

넷째, ZOPA 설정은 협상 전략에 큰 영향을 미친다. 이전의 협상 경험과 결과를 참고하고, 예상되는 결과 시나리오를 고려하여 전략을 설정하는 것이 중요하다.

ZOPA(Zone Of Possible Agreement) 설정의 효과

예측가능성

ZOPA 개념을 통해 자신의 목표가격, 희망가격, 결렬가격을 설정함으로써 협상 결과에 대한 예측 가능성을 높인다. 협상 과정에 명확성과 투명성을 제공한다. 어떠한 협상 결과가 가능한지, 그리고 어떠한 결과가 자신의 기대치를 만족시키는지를 미리 이해할 수 있다.

협상의 효율성

ZOPA 설정은 협상의 효율성을 향상시킨다. 목표가격, 희망가격, 결렬가격을 고려하여 협상 범위를 명확하게 정의함으로써, 필요 이상의 시간과 에너지를 협상과정에 투자하지 않아도 된다.

협상 결과의 만족도

ZOPA 설정은 협상자가 자신의 목표가격을 달성하거나, 적어도 결렬가격보다는 나은 가격을 얻을 수 있도록 보장한다. 협상자는 자신의 기대를 충족시키는 협상 결과에 도달할 가능성이 높아진다. 협상 결과에 대한 만족도가 높아진다.

리스크 관리

명확한 ZOPA 설정은 협상과정에서의 불확실성을 줄여준다. 결과적으로 리스크를 관리하는 데 도움이 된다. 결렬가격을 설정함으로써, 협상자는 자신이 수용할 수 없는 결과에 이르는 것을 피하고, 그에 따른 리스크를 최소화할 수 있다.

비즈니스 협상 모델의 탄생 에잇 블록 협상 모델

협상을 잘하기 위해서는 수학적 사고가 필요하다.

수학적 사고란 수학적 원리와 개념을 활용해 논리적으로 추론하고 판단하는 능력을 말한다. 이를 통해 복잡한 상황을 분석하고, 패턴을 찾아내며, 합리적인 결론에 도달할 수 있다. 특히 협상에서 ZOPA(합의가능영역)를 활용할 때 목표가격, 희망가격, 결렬가격을 설정하는 데 중요한 역할을 한다.

협상에서 수학적 사고가 필요한 이유? 협상 상대방의 입장을 고려해 합리적인 가격 범위를 도출하기 위해서다. 자신의 최소 이익을 보장하면서 상대방에게 양보할 여지를 남기기 위해서다. 협상이 진행되면서 발생할 수 있는 여러 변수를 고려해 유동적인 가격 범위를 설정하기 위해서다.

예컨대, 건물 매매가격을 협상하는 상황. 건물의 시장 가치는 1억 원이다. 매수자는 최대 9천만 원을 생각하고 있다. 반면 매도자는 최소 1억 1000만 원에 팔고 싶어한다. 이때 필요한 게 수학적 사고를 활용한 협상 전략. 매수자는 처음 희망가격으로 8천만 원을 제시하되 목표가격으로는 9천만 원, 결렬가격으로 1억 원을 설정한다. 결렬가격을 넘어서는 경우, 협상을 포기할 수 있다.

협상 과정에서 상대방의 반응에 따라 수학적 사고를 활용해 전략을 수정할 수 있다. 매수자가 초기 희망가격인 8천만 원을 제시했지만, 매도자가 이 가격을 받아들이지 않고 1억 2000만 원을 요구한다면, 매수자는 협상 전략을 재평가해야 한다.

이때 수학적 사고를 통해 새로운 목표가격, 희망가격, 결렬가격을 설정할 수 있다. 매수자는 희망가격을 8천500만 원으로 올리고 목표가격을 9천500만 원으로 수정할 수 있다. 하지만 결렬가격은 여전히 1억 원을 유지해 이 가격 이상은 수용하지 않을 수 있다.

협상 중에 추가 정보가 제공되거나 시장 상황이 변할 수도 있다. 이 경우 수학적 사고를 활용해 새로운 정보를 분석하여 협상 전략을 재조정할 수 있다. 예컨대, 새로운 정보에 따라 건물의 시장 가치가 1억 5000만 원으로 상승했다면, 매수자는 결렬가격을 1억 1000만 원으로 상향 조정할 수 있다.

수학적 사고는 협상 과정에서 전략을 수립하고, 수정하며, 적응할 수 있는 능력을 제공한다. 이를 통해 협상자는 변화하는 상황에 대응하고, 상대방과의 합의점을 찾아낼 수 있다. 수학적 사고를 활용하면 양측이 합리적인 가격 범위에서 협상을 진행할 수 있다. 상대방과의 합의점을 찾기가 용이해진다.

DZ 3. ZOPA 설정

구분	D. 희망가격	T. 목표가격	W. 결렬가격
가격			
근거			

목표가격 Target price

ZOPA 설정 단계에서 가장 먼저 해야 할 일은 목표가격(T) 결정이다. 현황 조사를 통해 이번 협상에서 달성하고자 하는 최종 목표가격을 정해야 한다. 정보가 부족한 초기 상황에서는 다소 희망적인 금액을 설정하는 것이 일반적이다. 협상을 진행하면서 수정과 재검토가 필요하다. 목표가격은 전략 수립을 위한 기준을 제시한다는 데 의의가 있다. 반드시 달성해야 할 가격 또는 수용 가능한 가격을 의미하는 것은 아니다. 그러나 사전에 목표를 정하지 않고 협상에 들어가는 것은 문제가 있다. 목표가 있어야 전략을 세울 수 있어서다.

희망가격 Desired price

다음은 희망가격(D) 결정이다. 공급자라면 목표보다 높게, 구매자라면 목표보다 낮게 정하는 것이 일반적이다. 앵커링 효과(Anchoring effect)를 활용해 협상의 기준점을 선점하려는 목적과 더불어 양보의 여지를 남겨두기 위한 전략이다. 주의

할 점? 목표 값과의 차이(gap)가 지나치게 벌어지면 오히려 역효과를 불러온다. 협상의 진정성에 의심을 야기하고, 이후 우리가 보내는 메시지의 신뢰성을 해칠 수 있다. 상대도 우리 못지않게 충분한 사전조사를 거쳤다는 점을 간과해선 안 된다.

결렬가격 Walk away price

마지막으로 결렬가격(W) 결정이다. 실패하지 않는 협상을 위해 매우 중요한 절차다. 협상 결렬을 결정하는 기준이 되기 때문이다. 공급자는 영업이익이나 손익분기점(BEP)을 기준으로 하여 잘못된 협상을 미연에 방지할 수 있다. 이보다 더 내려가면 협상을 결렬하는 게 낫다는 신호라서다. 구매자는 허용 가능한 가장 높은 금액을 지불하는 지점으로, 일반적으로 BATNA를 통해 결렬가격을 판단할 수 있다.

#목표가격 #희망가격 #결렬가격 #첫 제안 #Anchoring Effect #논리와근거 #만족도 #리스크관리 #예측가능성

공급자의 ZOPA 설정

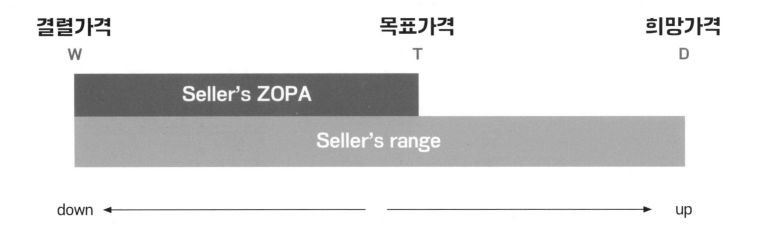

| 결렬가격 | 목표가격 | 희망가격 |
| W | T | D |

Seller's ZOPA

Seller's range

down ← → up

공급자의 목표가격을 100이라고 가정해보자. 희망가격은 120이고, 결렬가격은 80이다. 120을 제안하고 양보를 통해 100을 달성하겠다는 계획이다. 이때 물량 확대, 장기계약 등 추가 협상 안건을 요구할 수 있다. 공급자의 ZOPA, 합의가능 영역은 80에서 100 사이다. ZOPA 범위 안에 들어오면 협상을 타결할 계획이다.

식자재 공급업체와 급식서비스 회사의 공급 계약 협상을 예로 들어보자. 공급업체는 시세와 물량 등을 통해 식자재의 목표가격을 100으로 설정했다. 이는 공급업체가 구매 기업에게 식자재를 제공하는 대가로 받고 싶어하는 가격이다. 그리고 다른 업체의 납품 가격 등을 근거로 들며 120의 가격을 제안하고, 이후의 협상 과정에서 양보를 하여 100의 가격에 계약을 체결하는 게 이번 협상의 전략이다.

이 과정에서 공급업체는 추가 협상 안건을 요구할 계획이다. 예컨대, 다른 식자재 계약, 물량 확대, 결제 조건 개선 등 가격 양보와 맞바꿀 안건을 준비한다.

한편, 식자재 공급업체의 결렬가격은 80으로 정했다. 이는 공급업체가 받을 수 있는 최저 가격으로 제조 원가를 고려해 결정한다. 이 가격보다 낮으면 계약을 체결하지 않겠다는 의미다.

따라서 식자재 공급업체의 ZOPA는 80에서 100 사이다. 협상 결과가 이 범위 안에 들어오면 식자재 공급업체는 이번 계약을 체결할 계획이다.

구매자의 ZOPA 설정

구매자의 목표가격은 90이다. 희망가격은 70이고, 결렬가격은 110이다. 70을 요구하고 양보를 통해 90을 달성하겠다는 계획이다. 이때 서비스 지원, AS 기간 확대 등 추가 협상 안건을 요구할 수 있다. 구매자의 ZOPA, 합의가능영역은 90에서 110 사이다. ZOPA 범위 안에 들어오면 협상을 타결할 계획이다.

급식서비스 회사와 식자재 공급업체의 구매 계약 협상을 예로 들어보자. 구매 회사는 시장 가격, 물량 등을 통해 협상의 목표가격을 90으로 설정했다. 이는 급식서비스 회사가 식자재를 구매하는 대가로 지불하고자 하는 가격이다. 다른 공급업체의 제안 가격 등을 근거로 70의 가격을 요구하며, 이후의 협상 과정에서 양보를 하여 90의 가격에 계약을 체결하는 게 전략이다.

이 과정에서 급식서비스 회사는 추가 협상 안건을 제시할 수 있다. 예컨대, 공급업체의 추가 서비스 제공, 장기계약에 따른 할인 등을 요구할 수 있다.

급식서비스 회사의 결렬가격은 110으로 설정했다. 이는 구매 회사가 지불할 수 있는 최대 가격으로, 다른 공급업체의 조건과 비교했을 때 이보다 높으면 계약을 체결하지 않겠다는 의미다.

따라서 급식서비스 회사의 ZOPA는 90에서 110 사이다. 협상 결과가 이 범위 안에 들어오면 외식서비스 회사는 이번 계약을 체결할 계획이다.

ZOPA 설정을 위한 질문

목표가격
(Target Price)

- 내가 이 협상에서 얻고 싶은 최적의 결과는 무엇인가?
- 내가 얻고 싶은 결과를 달성하기 위한 합리적인 근거는 무엇인가?
- 시장 가격이나 경쟁자의 가격은 어떤 수준인가?
- 목표가격이 내가 설정한 협상 전략과 일관성이 있는가?

희망가격
(Desired Price)

- 초기 제안으로 어떤 가격을 제시할 것인가?
- 희망가격이 내 목표가격에 도달할 가능성을 높여주는가?
- 희망가격이 시장 상황이나 경쟁자의 가격과 비교하여 합리적인가?
- 희망가격이 상대방과의 협상 여지를 남기기에 충분한가?

결렬가격
(Walk Away Price)

- 어떤 가격 이하로는 협상에서 합의할 수 없는가?
- 결렬가격은 내가 설정한 목표가격과 비교하여 합리적인 범위 내에 있는가?
- 결렬가격이 내가 설정한 협상 전략과 일관성이 있는가?
- 협상이 결렬될 경우를 대비해 어떤 대안을 마련해 둘 것인가?

비즈니스 협상 모델의 탄생 **에잇 블록 협상 모델**

질문에 대한 기대효과

목표가격 (Target price)

결과 예측
• 목표가격을 설정함으로써 원하는 최적의 결과를 미리 정의하고, 이를 향한 명확한 방향성을 설정할 수 있다.

협상 전략 강화
• 목표가격을 바탕으로 한 협상 전략은 협상 과정에서 자신의 위치를 확고하게 유지하고, 상대방에게 의도적으로 접근하는 데 도움이 된다.

시장 동향 이해
• 시장 가격이나 경쟁자의 가격을 고려하여 목표가격을 설정함으로써, 협상 과정 중에 시장 동향을 보다 잘 이해하고, 이에 대응할 수 있다.

희망가격 (Desired price)

협상 시작점 제공
• 희망가격은 협상의 초기 제안을 결정하는 데 사용된다. 협상 과정에서 대화를 시작하는 지점을 제공한다. 자신의 목표를 달성하는 데 도움이 된다.

합리적 범위 설정
• 시장 상황이나 경쟁자의 가격과 비교하여 희망가격을 설정하면, 합리적인 범위 내에서 협상을 진행할 수 있다.

협상 여지 확보
• 충분한 협상 여지를 가진 희망가격은 상대방과의 협상을 보다 유연하고 효과적으로 만들어준다.

결렬가격 (Walk away price)

합의 한계 설정
• 결렬가격을 설정하면 협상에서 수용할 수 없는 최저 한계를 명확히 설정할 수 있다. 부적절한 합의를 피하는 데 도움이 된다.

대안 준비
• 결렬가격을 설정하고 대비할 대안을 마련하면, 협상이 원하는 방향으로 진행되지 않을 때 슬기롭게 대처할 수 있다.

협상 전략 유지
• 결렬가격이 협상 전략과 일관성을 유지하도록 설정하면, 협상의 전과정에서 일관된 전략을 유지할 수 있다. 협상의 효율성과 성과를 높이는 데 도움이 된다.

Case. 렌터카 회사 기업고객 유치 협상
글로벌렌트카 vs 디지털전자

당신은 국내 1위 렌터카 기업 ㈜글로벌렌트카의 영업 매니저다. 법인 영업을 담당하고 있다. 얼마 전 ㈜디지털전자로부터 임원용 차량 100여대에 대한 견적을 요청 받았다. 디지털전자 차량 담당자인 김 부장과 전화로 인사를 나누었다. 다음 수요일에 공식적인 상담을 진행하기로 했다. 김 부장은 이용하던 렌터카 회사의 계약이 만료되면서 다른 렌터카 업체도 알아보고 있다고 말했다. 내부적으로 제네시스 G80을 고려하고 있는 것으로 파악됐다.

준대형 세단 G80의 차량 가격은 1억원이다. 일반 법인의 경우, 월 대여료는 100만원(보증금 30%, 48개월, 연 2만km 기준) 수준이다. 회사의 영업이익률 10%를 반영한 금액이다. 갈수록 치열해지는 경쟁으로 렌터카 업계의 이익률은 점점 하락하는 추세다. 이번 협상만 잘 되면 연 매출이 10억 원 이상 늘어난다. 글로벌렌터카의 지난해 평균 영업이익은 5.5%로, 국내 렌터카 업계의 평균 영업이익률 3.5%에 비해 높은 수준이다. 트렌디한 브랜드 이미지 덕분에 젊은 층이 선호한다.

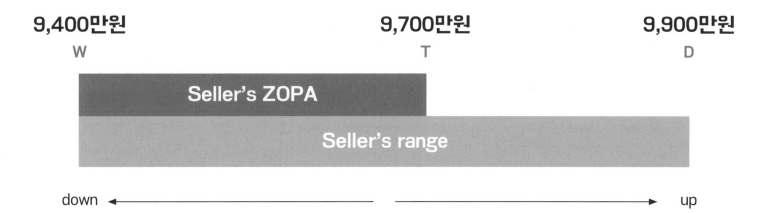

구분	D. 희망가격	T. 목표가격	W. 결렬가격
가격	9,900 만원	9,700 만원	9,400 만원
근거	• 일반 가격 대비 1% 할인 적용 • 일반 조건 기준	• 평균영업이익률 상회 (5.5% ->7%) • 추가 서비스 검토	• 최소 영업이익률 4% 적용 • 최대 할인 조건

당신은 ㈜디지털전자 경영지원팀 부장이다. 주요 업무 중 하나는 회사 임원들의 차량 관리 및 의전이다. 이용 중이던 렌터카 100여대의 계약 만기일이 다음달로 다가왔다. 기존 업체와의 계약 갱신을 검토하던 차에 국내 1위인 글로벌렌터카도 함께 검토하기로 했다.

현재 임원용 차량으로 그랜저를 이용하고 있다. 이번에는 제네시스 G80을 도입하려 한다. 지난해 연말 차량 선호도 조사 결과 제네시스 G80이 1위를 기록해서다.

기존 거래처인 ㈜대한렌터카로부터 G80 견적을 받았다. 월 대여료는 97만원(보증금 30%, 48개월, 연 2만km 기준)이다. 시장 가격을 조사하고, 대표 렌터카 기업들의 가격을 검토해본 결과, 대한렌터카의 견적이 현재로선 가장 저렴하다. 하지만 내부적으로 비용절감에 대한 요구가 많다. 협상 결과에 따라 연 5천 만원 가량의 비용 절감이 가능하다. 하지만 싸다고 능사가 아니다. 임원들의 만족도와 기업 이미지 및 서비스 품질 등도 고려해 업체를 선정해야 한다. 다음주 수요일 글로벌렌터카 영업담당자와 미팅을 앞두고 있다.

구분	D. 희망가격	T. 목표가격	W. 결렬가격
가격	9,200 만원	9,400 만원	9,600 만원
근거	• 전략적 제안 가격 • 요구 조건 최대한 반영	• 비용 절감 목표 상회 (5% -> 6%)	• BATNA 검토 기준

당신은 마땅히 받아야 할 것을 얻는 것이 아니다.

당신이 협상한 것을 얻는 것이다.

- 체스터 L. 캐러스(Chester L. Karrass) -

Block 4.
BATNA 검토

REVIEWING THE BATNA

배트나는 협상의 유불리를 결정한다.
결렬을 가정해 대안을 준비함으로써
전략의 강도를 결정할 수 있다.

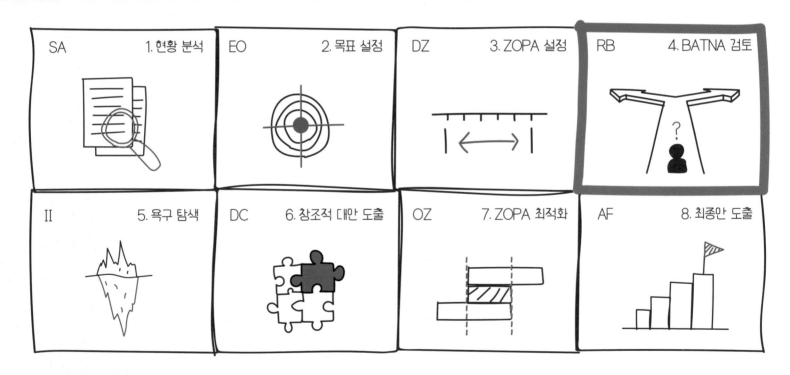

| SA | 1. 현황 분석 | EO | 2. 목표 설정 | DZ | 3. ZOPA 설정 | RB | 4. BATNA 검토 |
| II | 5. 욕구 탐색 | DC | 6. 창조적 대안 도출 | OZ | 7. ZOPA 최적화 | AF | 8. 최종안 도출 |

비즈니스 협상 모델의 탄생 **에잇 블록 협상 모델**

언제, 어디서나
BATNA를 준비하라!

BANTNA(배트나). Best Alternative To a Negotiated Agreement의 약자다. 협상이 결렬될 경우 선택할 수 있는 '최선의 대안'을 의미한다. 협상을 준비할 때 반드시 점검해야 할 사항이다. '힘'의 우위를 결정하는 요소라서다. 상대에게 매달리는 협상은 불리할 수밖에 없다. '플랜B'를 확보하면 훨씬 더 유리한 협상을 펼칠 수 있다.

배트나 분석이 중요한 또 다른 이유? 유보가치(Reservation Value), 즉 협상 결렬을 선언하고 일어나야 할 지점을 판단할 수 있기 때문이다.

BATNA 검토

Reviewing the BATNA

배트나(Best Alternative To a Negotiated Agreement)는 협상이 결렬되거나 원치 않는 결과로 이어질 경우에 대비해 가지고 있는 최선의 대안을 의미한다. 이를 통해 협상에서 어느 정도까지 양보할 수 있을지, 혹은 어느 지점에서 협상을 중단할지를 판단하게 된다.

부동산 매매 협상을 예로 들어보자. 집을 사려는 사람(A)과 집을 팔려는 사람(B)이 있다. A는 이사 시기 등을 고려하여 특정 집을 사기를 원하지만, 만약 가격 협상이 원하는 바로 이루어지지 않을 것을 대비해 다른 집을 찾아 놓는다. 이렇게 미리 찾아 놓은 집이 바로 A의 배트나, 최선의 대안이다.

A는 B와의 협상에서 가격이 너무 높아지거나, 원하는 조건을 받아들여주지 않는다면 미리 찾아 놓은 다른 집으로 방향을 전환할 수 있다. 이렇게 배트나를 갖고 있는 A는 협상에서 더 유리한 위치를 차지하게 된다.

배트나는 협상의 준비단계부터 검토하는 게 좋다. 하지만 협상이 진행되는 동안 상황은 계속 변한다. 그러므로 A는 지속적으로 배트나를 재검토하며 최선의 대안이 여전히 유효한지 확인해야 한다. 이렇게 배트나는 협상 과정에서 안전망 역할을 하며 협상력을 높이는 중요한 요소다.

배트나를 검토할 때 주의해야 할 사항은 다음과 같다. 첫째, 배트나는 현실적이어야 한다. 실제로 실행 가능하고, 현실적인 상황을 고려한 대안이어야 한다. 만약 배트나가 현실에서 실행이 불가능하다면, 그것은 가상의 대안에 불과하므로 협상에서 별로 도움이 되지 않는다.

둘째, 배트나에서는 균형이 중요하다. 배트나를 선택했을 때 얻는 이익과 잃는 것 사이의 균형을 잘 잡아야 한다는 얘기다. 배트나를 선택함으로써 얻는 이익이 크더라도, 그로 인해 잃는 것이 더 크다면 좋은 대안이 아니다. 배트나가 협상의 장기적인 결과에 어떤 영향을 미칠지 잘 따져봐야 한다.

셋째, 배트나의 실행 가능성을 고려해야 한다. 배트나가 현실적이고, 잘 균형 잡혀 있더라도, 그것이 성공적으로 실행될 가능성이 낮다면 협상에서 힘을 발휘하지 못한다. 배트나의 선택은 리스크 관리와 동시에 이루어야 한다.

넷째, 배트나를 실행했을 때 상대방의 반응을 예상해야 한다. 다음 번 협상에서 어떤 전략을 취해야 할지 결정하는 데 중요한 정보가 될 수 있다.

마지막으로, 배트나는 상황 변화에 따라 유연하게 바뀔 수 있어야 한다. 즉, 협상 상황이 변화하면 그에 맞게 배트나를 수정하거나 새로운 배트나를 준비해야 한다.

BATNA 검토의 필요성과 효과

협상 우위 확보

BATNA는 협상 전략의 강도를 결정하는 데 중요한 역할을 한다. 여러 공급업체 중 하나와 협상할 때, BATNA가 좋다면 상대적으로 강한 협상력을 가질 수 있다. 강력한 BATNA는 그만큼 협상 테이블에서 우위를 차지할 수 있는 무기다. 더 나은 조건을 요구하거나, 상대방에게 양보를 받아낼 가능성이 높아진다.

합리적 기준 설정

자신의 BATNA를 알면 협상 목표를 현실적이고 합리적으로 설정할 수 있다. 예를 들어 이익률이 10%인 계약을 목표로 할 때, BATNA를 고려하여 이 목표가 타당한지 판단하고, 목표를 조정하거나 유지할 수 있다. 또한 BATNA를 통해 주장이나 요구 수준의 정당성을 확보할 수 있으며, 과도한 목표를 설정해 신뢰를 훼손하거나 협상을 그르치는 경우를 예방할 수 있다.

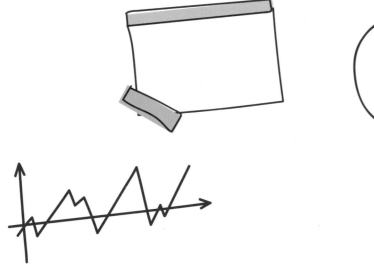

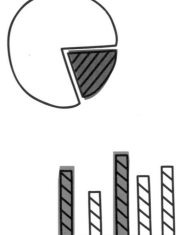

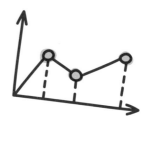

비즈니스 협상 모델의 탄생 에잇 블록 협상 모델

리스크 관리

BATNA는 협상에서 안전 장치 역할을 한다. BATNA의 수준을 통해 현재의 협상안이 최선인지 판단할 수 있다. 또는 원치 않는 결과를 수용해야 할 때, BATNA는 대체 방안을 제공하여 손실을 최소화하는 역할을 한다. 계약 체결이 실패할 경우, BATNA를 통해 다른 공급업체와 협상할 수 있다. 다른 시장에의 진출도 검토할 수 있다. 불리한 상황에서 손실을 줄여주는 것, BATNA의 효용이다.

공정성 확보

BATNA는 협상의 공정성 확보에 중요한 역할을 한다. BATNA가 약하다면 상대적으로 유연한 태도를 취해 합의를 도출해야 한다. 양측의 BATNA 수준이 비슷하다면 어느 쪽도 공격적이거나 과도한 요구를 하기 어려워진다. 양측 모두 결렬의 위험이 따르기 때문이다. 따라서 보다 타협적인 태도로 합의에 도달 할 수 있으며, 합리적이고 공정한 결과를 도출할 가능성이 높아진다.

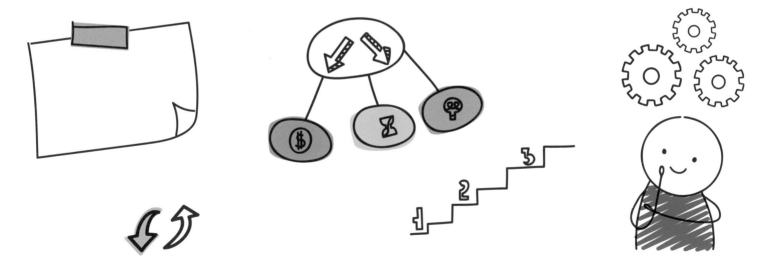

RB 4. BATNA 검토

구분	우리	상대방
BATNA		

#결렬 #대안 #BATNA #WATNA #차선책 #플랜 B #힘의 우위 #전략 강도 #실패 예방

BATNA 검토를 위한 질문

우리의 BATNA

- 우리가 협상에 실패할 경우, 어떤 대안이 가장 좋은가?
- 우리의 BATNA를 확실히 이해하고 있는가? 어떤 장단점이 존재하는가?
- 우리의 BATNA는 현재 상황에서 얼마나 현실적인가?

상대의 BATNA

- 상대방의 관점에서 볼 때, 어떤 대안이 가장 좋은가?
- 상대방의 BATNA는 어떤 장단점이 있는가?
- 상대방이 BATNA를 택할 경우, 나에게 미치는 영향은 무엇인가?

BATNA 영향 분석

- 양측의 BATNA는 협상 결과에 어떤 영향을 미치는가?
- 우리의 BATNA와 상대방의 BATNA가 교차하는 지점은 어디인가?
- BATNA를 바탕으로 어떤 협상 전략을 세울 수 있는가?

BATNA 개선 및 전략

- 우리의 BATNA를 개선할 수 있는 방법은 무엇인가?
- 상대방의 BATNA를 개선하는 데 도움이 되는 제안을 할 수 있는가?
- BATNA 개선을 통해 우리의 협상력을 강화하거나 상대방의 협상력을 약화시킬 전략은 무엇인가?

비즈니스 협상 모델의 탄생 **에잇 블록 협상 모델**

질문에 대한 기대효과

우리의 BATNA

자신의 BATNA를 명확하게 이해하면 협상에서 강력한 지위를 확립하고 협상의 하한선을 설정하는 데 도움이 된다. 이를 통해 균형 잡힌 협상을 수행할 수 있다. 필요 이상으로 양보하지 않는 한편, 최선의 결과를 도출할 수 있다.

상대의 BATNA

상대방의 BATNA를 파악하면 그들의 입장과 기대를 이해하고, 이를 바탕으로 상대방에게 유리한 제안을 찾아내거나 협상력을 높일 수 있다. 상대방의 BATNA를 고려하여 협상 전략을 수정하면, 상대방도 협상에 만족할 확률이 높아져 더 나은 합의를 이룰 가능성이 높아진다.

BATNA 영향 분석

양측의 BATNA가 협상 결과에 미치는 영향을 분석함으로써 협상 결과에 대한 예측력이 높아진다. 이를 바탕으로 보다 현실적인 전략을 세울 수 있다. 또한, 협상에서 얻을 수 있는 최선의 결과와 최악의 결과를 분석하여 균형 잡힌 결정을 내릴 수 있게 된다.

BATNA 개선 및 전략

BATNA를 개선하고 전략을 수정하면 더 나은 협상 결과를 만들 수 있다. 상대방의 BATNA를 개선할 수 있는 제안을 하면 그들과 호의적인 관계를 구축하는 데 도움이 되어, 상대방의 긍정적 태도를 이끌어내는 기반이 된다. 전체적인 협상 과정이 원활하게 진행되어 양측 모두에게 도움 되는 결과를 만들 수 있다.

협상의 준비|Preparation

BATNA와 WATNA의 차이

BATNA
(Best Alternative to a Negotiated Agreement)

BATNA는 '협상이 결렬될 경우 선택할 수 있는 최선의 대안'을 뜻한다. 'Plan B' 혹은 '차선책'으로도 해석할 수 있다. BATNA가 좋다는 말은 그만큼 유리한 위치에서 협상을 시작한다는 것을 의미한다. BATNA는 최소한의 요구사항을 설정하는 기준이 된다. 협상의 힘을 결정하는 중요 지표다. 때문에 BATNA는 협상을 '깰 수 있는 힘'을 결정한다고도 말한다. BATNA가 좋으면 협상이 결렬되었을 때의 리스크가 적기 때문이다. 이처럼 BATNA는 협상의 힘을 결정하고, 리스크를 관리하며, 유연한 의사결정을 내리는 데 도움을 준다.

기업의 구매 공급 협상을 예로 들어보자. 회사 A가 자사 제품을 공급하고, 회사 B가 이를 구매하려는 협상이 진행 중이다. 일반적으로는 구매자인 회사 B가 협상에서 유리하다. 선택할 수 있는 대안, BATNA가 많아서다. 하지만 회사 A의 브랜드나 제품이 독점적 경쟁력을 가진다면 이야기는 달라진다. 회사 B가 아니어도 공급할 회사가 많기 때문이다. 이때 '회사 A의 BATNA가 좋다'라고 말할 수 있다. 회사 A는 좀 더 공격적인 협상을 펼칠 수 있다. 이처럼 협상의 힘을 결정하는 요인은 공급자 혹은 구매자라는 입장 차이가 아니라 BATNA의 양과 질에 의해 결정된다.

WATNA
(Worst Alternative to a Negotiated Agreement)

WATNA는 '협상이 결렬될 경우 받아들여야 하는 최악의 상황'을 의미한다. BATNA와는 상반된 개념이다. 협상 전략의 강도와 양보 범위를 결정할 수 있다. 협상 전에 WATNA를 검토해야 하는 이유? 자칫 더 나쁜 결과를 받아들여야 하는 경우를 대비하기 위해서다. 일종의 '안전장치' 마련이다. WATNA가 좋지 못하다면 결렬 가능성이 있는 전략은 피해야 한다. BATNA가 협상의 힘을 결정하는 지표라면, WATNA는 결렬에 대한 리스크를 나타내는 지표다. BATNA가 협상에서 최선의 선택을 위한 요소라면, WATNA는 협상 실패를 예방하기 위한 요소다.

원자재 공급 회사 A와 구매 회사 B의 협상을 가정해 보자. 회사 B는 회사 A 외에도 원자재를 구매할 회사가 많은 상황. 회사 B가 협상 우위를 점할 수 있다. 회사 B의 BATNA가 좋기 때문이다. 그런데 최근 글로벌 환경의 변화로 원자재 수급 불균형이 발생했다. 회사 B는 회사 A에게 반드시 원자재를 구매해야 한다. 이럴 경우, 원자재 가격이 다소 높더라도 회사 B는 받아들이는 게 바람직하다. 만약 구매 협상이 깨어진다면 전체 공정을 중단해야 하기 때문이다. 회사 A와의 원자재 구매 협상에서 WATNA는 제품 생산을 중단하는 데 따른 손실이다.

구분	BATNA	WATNA
정의	협상이 결렬될 경우 선택 가능한 가장 좋은 대안	협상이 결렬될 경우 발생 가능한 가장 나쁜 상황
목적	최적의 협상 결과를 달성하기 위한 기준 설정	최악의 상황을 피하고 유연성을 가지기 위한 기준 설정
활용 방법	요구할 수 있는 최소한의 조건을 설정하여 협상력 강화	협상에서 얼마나 많은 양보를 해야 하는지 판단하는 데 도움
중요성	얼마나 주도적인 입장을 취할 수 있는지 결정	얼마나 큰 위험을 감수해야 하는지를 결정
계획 및 준비	협상 전에 다른 대안들을 탐색하고 준비	협상 전에 발생할 최악의 상황을 분석하여 준비
심리적 측면	협상의 자신감을 가질 수 있도록 도움	협상에서의 불확실성과 위험을 이해할 수 있게 도움
위험 관리	협상이 결렬될 경우 위험을 최소화	협상이 결렬될 경우 감수해야 하는 최대 위험을 이해하고 관리
결과에 대한 영향	주도적으로 협상에 참여하여 협상의 성공 가능성 높음	최악의 결과를 예상하여 다소 소극적인 협상을 펼칠 수 있음

BATNA와 WATNA는 협상 전략 수립과 더불어
협상 전략의 강도를 결정하는 데 중요한 역할을 한다.

입장에 따른 BATNA 활용법

공급자의 BATNA 활용법

다양한 구매자 탐색

공급자는 다양한 구매자를 탐색하여 최선의 거래선을 찾는다. 상대의 과도한 요구를 받아들이지 않고 합리적인 조건으로 거래를 성사시킬 수 있다.

제품 혹은 서비스 가치 제고

공급자는 제품이나 서비스의 가치를 제고하여 구매자에게 보다 매력적인 대안을 제시한다. 구매자와의 협상에서 높은 가격과 좋은 조건을 이끌어 낼 수 있다.

구매자의 BATNA 파악

구매자의 최선의 대안을 파악하여 협상 전략을 개발하여 협상력을 강화할 수 있다. 구매자의 BATNA가 약하다고 판단되면, 공급자는 협상에서 강한 입장을 취할 수 있다.

구매자의 BATNA 활용법

다양한 공급자 조사

구매자는 협상 전에 다양한 공급자를 조사하여 최선의 대안을 설정한다. 높은 가격이나 불리한 조건을 받아들이지 않아도 되는 강한 지위를 확보할 수 있다.

대체 제품 찾기

협상이 실패할 경우, 대안을 고려하여 협상에서 더 강한 입장을 취할 수 있다. 하나의 협상이 실패하더라도 궁극적으로 원하는 결과를 얻을 수 있다.

공급자의 BATNA 이해

공급자의 입장에서 가장 좋은 대안을 추정하여 공급자의 협상력에 맞춤하는 협상 전략을 개발할 수 있다. 공급자가 더 나은 대안이 없다고 판단되면, 구매자는 협상에서 더 강한 입장을 취할 수 있다.

배트나는 협상에서 공급자와 구매자 모두에게 매우 중요한 개념이지만, 그 활용 방식은 입장에 따라 다르다. 공급자는 그들이 받아들일 수 있는 가장 낮은 가격을 결정하는 데 배트나가 기준이 된다. 공급자의 배트나는 다른 구매자와의 계약, 다른 상품 또는 서비스의 판매, 또는 판매하지 않고 재고를 유지하는 것 등이 될 수 있다. 만약 협상 상대방인 구매자가 공급자의 배트나보다 더 낮은 가격을 요구한다면, 공급자는 배트나의 선택 여부를 결정해야 한다. 이 경우, 공급자는 배트나 선택에 따른 결과를 충분히 검토하고 예상해야 한다.

구매자의 입장에서는 배트나가 그들이 지불할 수 있는 최대 가격을 결정하는 데 기준이 된다. 구매자의 배트나는 다른 공급자로부터의 구매, 다른 상품 또는 서비스의 사용, 또는 구매하지 않고 현 상황을 유지하는 것 등이 될 수 있다. 만약 협상 중인 공급자가 배트나보다 더 높은 가격을 요구한다면, 구매자는 배트나 선택을 검토해야 한다. 다만, 구매자는 배트나가 가격 뿐 아니라 원래의 목적을 달성하는 데 충분한지 면밀히 검토해야 한다.

이처럼, 공급자와 구매자 모두 그들의 입장에 따라 배트나를 활용해 협상의 결과를 최적화할 수 있다. 이는 공급자와 구매자 모두 협상에서 원하는 목적을 달성하는 최선의 방법을 찾는 데 도움이 된다.

Case. 글로벌 기업 간 MLCC 경쟁 협상
한국전기 vs 보쉬

한국전기는 주력사업인 MLCC(MultiLayer Ceramic Capacitors, 적층세라믹커패시터)가 슈퍼 호황을 맞으면서 최고 실적을 기록했다. MLCC 시장은 IT용 시장과 전장용 시장으로 양분된다. 현재 IT용 MLCC 시장은 일본의 무라타가 33%, 한국전기가 24%로 시장 점유율 1, 2위를 차지하고 있다. MLCC 시장의 본격적인 성장은 자동차 전장 산업과 전기차에 달려있다. 자동차 한 대당 들어가는 MLCC 수는 7,000여 개로 일반 스마트폰 대비 13배다. 전기차의 경우, 1만5000개가 필요하다. 모두 고사양, 고품질이 요구된다. IT용 MLCC의 신뢰도 테스트 항목이 5개인데 반해, 전장용은 100개 이상이다. 전장용 MLCC 판매가는 IT용 대비 3~5배다.

전장용 MLCC 시장은 IT용 시장과는 전혀 다르다. 일본 3사(Murata 55%, TDK 15%, Taiyo Yuden 10%)가 시장의 80%를 점유하고 있는데 반해 한국전기는 5%선이다. 가격 결정권이 수요 업체(보쉬, 컨티넨탈, 델파이 등)가 아닌 일본 공급 업체에 있는 이유다. 이 점이 한국전기에겐 위기이자 기회다. 구매업체로선 품질의 신뢰성만 확보된다면 공급선 다변화를 모색할 것이기 때문이다.

최근 들어 하나 둘 성과가 나타나기 시작했다. 지난해부터 추진 중이던 독일 보쉬 사의 제품승인이 올해 초 통과되었다. 기본 요건인 기술력은 인정받은 셈이다. 이제 영업팀이 나설 차례다. 보쉬는 세계 1위 자동차 부품기업으로 한국전기에겐 수요처 이상의 의미가 있다. 주문량이 많든 적든 이번 기회에 거래 관계를 맺는 게 중요하다. 향후 관련 비즈니스에 있어 강력한 레퍼런스가 될 것이다.

독일 기업 보쉬는 기술 및 서비스 분야를 선도하는 글로벌 기업이다. 60%를 차지하는 자동차 부품사업은 세계 최대를 자랑한다. 독일 자동차 경영센터(CAM) 연구에 따르면, 2030년 세계 주요국의 신규 자동차 등록 수의 약 30%가 전기자동차다. 보쉬 내부적으로도 이에 대비한 기업 구조 및 제조 혁신이 시급하다는 판단이다. 이런 일련의 변화 속에서 전장 부품업체(보쉬, 컨티넨탈, 델파이 등) 소싱팀 구매담당자에겐 고품질, 고사양의 안정적 부품확보 및 원가절감에 대한 역할이 더욱 강조되고 있다.

문제는 전장용 MLCC 시장이 공급자 중심으로 형성되어 있다는 거다. 매년 10% 가까운 가격 상승을 감내해야 하는 이유다. 다행히 최근 들어 벤더들 사이에서 연구 개발 투자 및 생산 시설 확충에 대한 움직임이 활발히 일어나고 있다. 보쉬로서는 환영할 일이다. 그런 가운데 전 세계 MLCC 시장에서 2위를 차지하는 한국전기에서 자동차용 리드형 MLCC KSE 시리즈에 대한 승인 요청이 들어왔다. 테스트 결과, 현재 최고 사양 대비 85%까지 기술개발이 이루어졌으며, 그 속도도 상당한 수준이라는 게 내부적 평가다.

이에 회사는 안정적 부품 공급과 공급선 다변화를 통한 가격 안정성이라는 측면을 고려하여 한국전기와의 거래를 긍정적으로 검토하고 있다. 다만, 제품 가격과 더불어 안정성과 신뢰성, 생산 능력, 납기, 품질 보증 등 다양한 측면에서 세부적인 확인 및 논의가 필요하다. 다음 달 5일, 한국전기 실무자들을 독일 본사로 초청해 미팅을 갖기로 했다.

공급자 한국전기의 BATNA 활용법

다양한 구매자 탐색
전장용 MLCC의 주요 구매자인 보쉬를 중심으로,컨티넨탈, 델파이 등의 전장용 기업을 타깃으로 삼아 BATNA를 확대해 나가는 전략을 구상할 수 있다. 여기에 전기차 업체인 Tesla나 Revian과 같은 구매자를 포함시키는 것도 고려할 만하다.

제품 혹은 서비스 가치 제고
MLCC 제품의 가치를 제고하기 위해 고품질 제품의 개발에 집중하고, 고객 서비스를 개선하며, 기술 혁신에 투자한다. 이런 전략들은 보쉬 같은 구매자가 다른 공급 업체로부터 제품을 구매할 이유를 줄여준다. 한국전기의 BATNA를 강화하는 일이다.

구매자의 BATNA 파악
협상 상대방인 보쉬의 BATNA를 정확하게 파악하는 것이 중요하다. 보쉬의 BATNA로는 일본의 주요 MLCC 제조업체인 Murata, TDK, Taiyo Yuden 등이 있다. 이들 업체에 대한 보쉬의 의존도, 업체간의 경쟁 정도, 대체 가능한 제품의 유무 등을 평가한다.

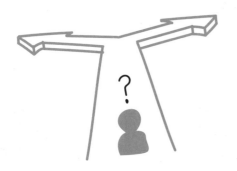

구매자 BOSCH의 BATNA 활용법

| 다양한 공급자 조사 | 전장용 MLCC 공급자를 다양화하는 방안을 탐색함으로써 BATNA를 강화할 수 있다. 현재 일본의 Murata, TDK, Taiyo Yuden와 같은 기업이 주요 공급자로 있지만, 한국전기와 같은 새로운 공급업체도 검토하여 공급업체 다변화를 추진할 수 있다. |

보쉬는 MLCC를 대체할 수 있는 다른 부품과 기술도 검토해 볼 수 있다. 예를 들어, MLCC를 필요로 하지 않는 다른 유형의 커패시터나, 새로운 기술이 있다면 이를 대안으로 고려함으로써 BATNA를 강화할 수 있다.

대체 제품 찾기

공급자의 BATNA 이해 — 협상 상대인 한국전기가 보쉬 외에도 전장용 부품을 구매하는 포드, 토요타, 제네럴모터스 등과 거래하고 있다면, 한국전기의 BATNA는 강화될 것이다. 한국전기의 의존도, 공급 업체 간의 경쟁 상황, 대체 가능한 공급 업체의 유무 등을 평가하여 한국전기의 BATNA를 정확하게 파악할 필요가 있다.

Case. 2006년 한국 까르푸 매각 협상
"시야의 확장이 필요합니다!"

1996년 7월, 프랑스 유통회사 까르푸가 한국에 진출했다. 세계적 명성을 기반으로 국내 유통시장에 도전장을 내밀었다. 문화적 차이 때문인지 기대는 현실로 이루어지지 않았다. 10여년 동안 적자를 면치 못했다. 시장에선 매각설까지 나돌기 시작했다. 실패한 기업 까르푸는 한국 내 자산을 헐값에 처분하고 철수해야 하는 처지에 놓였다.

하지만 무슨 이유인지 까르푸는 의외의 모습을 보였다. 오히려 매장 수 확장에 나섰다. 나중에 밝혀진 사실이지만 까르푸의 점포 확대 결정은 업계 1위 이마트를 끌어들이기 위한 협상 전략이었다. 배경은 다음과 같다.

당시 까르푸 인수에 관심을 둔 기업은 롯데마트 한 곳 뿐이었다. 협상 파트너가 하나라면 협상이 결렬될 경우의 대안, 즉 BATNA가 없어 협상력이 약할 수밖에 없다. 어떻게든 빨리 털고 나가는 게 이득이니 롯데마트 측 요구를 수용해야 한다. 까르푸 경영진은 이를 간파했다. BATNA를 확보하기 위해 매장 수 확대를

결정했다. 매장이 5개 더 늘어난 까르푸를 롯데마트가 인수하면 이마트는 업계 1위 자리를 위협받을 수 있었던 상황이었기 때문이다.

아니나 다를까, 이마트도 인수전에 뛰어들었다. 이제 까르푸는 어느 쪽과 협상하든 좋은 BATNA가 생긴 셈. 덕분에 협상력이 크게 올라갔다. 까르푸의 매장 확장 전략이 롯데마트와 이마트 간 경쟁 구도를 만드는 데 성공한 거다.

그런데 이마트의 움직임이 심상치 않았다. 당시 M&A 시장에 나온 월마트 인수를 추진하고 있었던 거다. 자신들도 까르푸와의 협상이 깨어질 것을 대비해 BATNA를 만든 거다. 위기를 느낀 까르푸는 또 다른 기업인 이랜드를 협상 테이블로 끌어들였다. 까르푸는 결국 이랜드 그룹의 품에 안겼다. 까르푸 본사가 만족할 만한 수준의 금액이었다.

주요 대형마트 매장 분포현황

구분	이마트	홈플러스	롯데마트	까르푸	월마트
서울	14	4	9	7	1
경기/인천	24	13	13	11	7
강원	5	0	0	0	0
충청	4	3	6	5	1
호남	9	2	5	2	0
영남	21	19	10	7	7
제주	2	1	0	0	0
총계	79	42	43	32	16

점포수 확장: 27개점→ 32개점 (총 39개점)

추가 개점(5개): 대전 유성점, 인천 인하점, 대구 칠곡점, 전주점, 수원 병점점

예정 지역(7개): 경북 상주점, 광주 유동점, 대구 범어점, 해운대 반여점, 서울 천호점, 서울 신도림점, 경북 포항점

까르푸 vs 롯데마트 협상

까르푸의 협상 초안 BATNA

구분	세부 내용
BATNA 1	이마트
BATNA 2	홈플러스

협상 과정에서 까르푸 BATNA 개선

구분	세부 내용
BATNA 1	홈플러스
BATNA 2	이랜드 그룹

까르푸 인수전 관계도

까르푸 BATNA 확보: 8천억 원 ⇨ 1조 7,500억 원!

이마트 BATNA 확보: 업계 1위 타이틀 유지!

비즈니스 협상 모델의 탄생 **에잇 블록 협상 모델**

배트나는 매우 불리한 조건을 받아들이는 잘못,

받아들일 만한 유리한 조건을 거절하는 잘못,

이 두 개의 잘못을 막아주는 유일한 기준이다.

- 로저 피셔 (Roger Fisher) -

3

8-Block
Negotiation Model

협상 최적화

OPTIMIZATION

협상 최적화

Negotiation Optimization

협상 최적화(Negotiation Optimization)는 협상 과정에서 도출된 모든 선택지를 분석하여 최선의 결과를 찾아내는 과정이다. 자신의 이익을 최대화하면서 상대의 이익도 충족시키는 해결책을 찾는데 초점을 맞춘다. 창의적 사고를 통해 창조적 대안(Creative Option)을 발굴하는 방법, 양측의 ZOPA를 도출하는 방법 두 가지가 대표적이다.

창조적 대안 (Creative Option) 발굴

양측 모두에게 이익이 되는 해결책을 찾는 전략이다. 더 큰 '파이'를 만들 수 있다. 중요한 것은 상대방의 입장과 니즈(needs)를 충분히 이해하고, 그에 기반한 협상안을 제시하는 것이다.

ZOPA (Zone Of Possible Agreement) 도출

판매자는 1,500원에 물건을 팔려고 하고, 구매자는 1,000원까지는 지불할 수 있다는 계획이다. 이 경우, ZOPA는 1000원에서 1500원 사이가 된다. 양측의 최종안이 이 범위 내에 있다면 합의 가능성이 높다. ZOPA가 존재하지 않는다면, 즉, 판매자의 최소 가격이 구매자의 최대 가격보다 높다면 협상은 결렬된다. 협상 전에 ZOPA를 파악하는 것이 협상 최적화를 위한 중요한 단계인 이유다.

협상 최적화는 이 두 가지 방법을 통해 가능한 모든 선택지를 고려하고, 이를 통해 최적의 협상 결과를 도출해내는데 중점을 둔다. 이를 통해 협상 과정에서 최대한의 이익을 추구하면서도, 상호 존중과 공정성을 유지할 수 있다. 장기적인 관계 구축에도 도움이 된다.

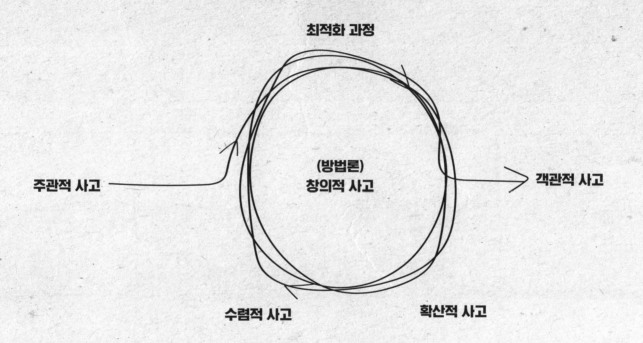

Block 5.
욕구 탐색
IDENTIFYING INTEREST

성공 협상의 결정적 단서다.
숨겨진 Interest를 파악하기 위해서는
질문과 경청, 공감의 기술이 필요하다.

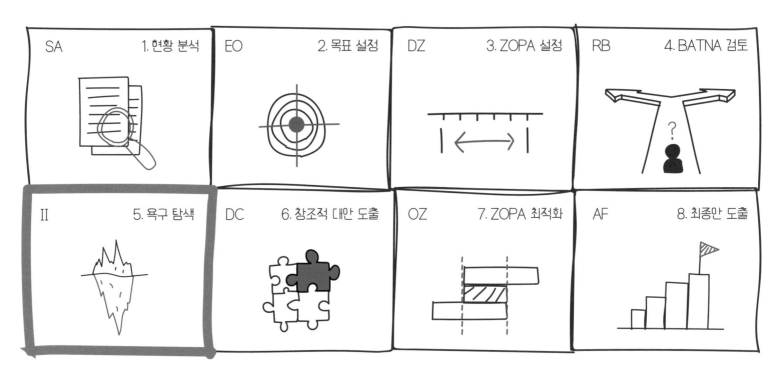

| SA | 1. 현황 분석 | EO | 2. 목표 설정 | DZ | 3. ZOPA 설정 | RB | 4. BATNA 검토 |
| II | 5. 욕구 탐색 | DC | 6. 창조적 대안 도출 | OZ | 7. ZOPA 최적화 | AF | 8. 최종안 도출 |

비즈니스 협상 모델의 탄생 에잇 블록 협상 모델

Position과
Interest를 구분하라!

'Interest'는 협상을 통해 이루고자 하는 근본적인 욕구나 목표다. 'Position'은 Interest를 충족하기 위한 입장이나 요구사항이다. 예컨대, 판매자와 구매자가 가격을 두고 서로 충돌하고 있다고 가정해보자. 판매자의 Position은 높은 가격이고, 구매자의 Position은 낮은 가격이어서 서로 접점이 보이지 않는다. 하지만 Interest를 살펴보면 이야기는 달라진다. 판매자의 Interest는 이윤 추구이고, 구매자의 Interest는 비용 절감이라고 말할 수 있다. 이때 구매자가 대량 구매를 제안하거나, 판매자가 구매자에게 추가 혜택을 제공한다면, 양쪽 모두의 Interest를 충족하는 합의안을 도출할 수 있다.

욕구 탐색

Identifying Interest

비즈니스 협상에서 양측의 요구사항은 항상 충돌하기 마련이다. 상대방을 이해하고 공감하는 과정을 거치기 전까지는 각자 자신의 주관적 논리로 협상에 접근하기 때문이다. 따라서 협상 최적화는 상대방의 욕구를 파악하는 것에서 시작된다.

협상에서 겉으로 드러나는 요구사항과 숨겨진 욕구가 다른 이유는 여러가지다.

첫째, 많은 사람들이 자신의 욕구가 무엇인지 제대로 파악하지 못한 채 협상에 들어간다. 언어의 한계도 크다. 자신이 무엇을 원하는지 정확한 언어로 표현하는 것이 생각보다 어렵다. 둘째, 사회적 기대나 시선에 영향을 받기 때문이다. 우리는 실제보다 훨씬 더 도덕적이고 공정한 사람으로 보여지길 원한다. 셋째, 전략적으로 다르게 표현하는 경우도 빼놓을 수 없다.

따라서 충돌하는 요구사항은 합의를 이끌기에 한계가 있으며, 오히려 방해요인이 된다. 이때 표면적 요구가 아니라 상대방의 이면에 숨어 있는 욕구를 탐색하면 창의적인 솔루션을 만들어낼 수 있다. 상대방이 실제로 무엇을 추구하는지, 어떤 가치를 중요하게 생각하는지, 어떤 결과를 바라는지 이해하면 성공적인 협상을 이끌 수 있다.

욕구(Interest) 탐색 과정에서 주의해야 할 사항은 다음과 같다.

첫째, 자신의 욕구와 상대방의 욕구를 모두 이해하고 공감하는 것이 중요하다. 이는 공통의 이익을 찾는 첫 걸음이다. 자신만의 입장에서 보지 말고, 상대방의 입장에서도 이해하려는 노력이 필요하다.

둘째, 상대방의 욕구를 정확히 파악하려면 충분한 정보 수집이 필요하다. 상대방의 목표, 가치, 문제 등을 알아야 상대방의 욕구를 이해할 수 있다. 충분한 리서치와 정보 수집을 통해 상대방의 욕구를 파악하는 것이 중요하다.

셋째, 욕구 탐색 과정에서는 대면 협상이 필요하다. 상대방의 욕구를 이해하려면 직접적인 대화를 통해 확인하는 것이 가장 효과적이다. 협상 상황에서 서로의 요구사항과 기대를 공유하며 양자간의 신뢰를 확보하는 것이 필요하다.

넷째, 욕구를 탐색할 때에는 유연성을 유지해야 한다. 협상은 끊임없이 변화하는 과정이며, 상대방의 욕구 또한 변할 수 있다. 따라서 자신의 입장을 고수하기보다는 상황에 따라 유연하게 대응하는 태도가 필요하다. 또한, 상대방의 변화하는 욕구에 대응하려면 자신의 욕구 또한 다양한 방향으로 조절할 수 있어야한다.

Interest 중심 협상의 효과

상대방의 궁극적인 목표 이해

Interest 중심의 협상은 상대방의 필요와 욕구를 파악하게 해준다. 예를 들어, 협력 업체가 시장 점유율을 높이고자 할 때, 이를 돕기 위해 공동 마케팅 전략이나 판매 채널 확장을 제안할 수 있다. 이와 달리 Position 중심의 협상은 상대방의 표면적인 요구에만 초점을 맞추어 궁극적인 목표를 간과하게 된다.

협상 결과의 만족도 증가

Interest 중심의 협상은 상대방의 필요와 욕구를 충족시키는 결과를 도출할 수 있어, 협상 결과에 대한 만족도가 높아진다. 예를 들어, 공급 계약 기간을 조절하여 상대방의 유동성 부담을 줄여주는 방식 등이 가능하다.

유연한 해결책 모색

Interest 중심의 협상은 상대방의 입장을 고려하여 창의적인 해결책을 찾는 데 도움이 된다. 가령, 한 회사가 가격 인하를 요구할 때, 추가적인 서비스 제공이나 물량 확대 등의 창의적 대안을 제시할 수 있다. 반면, Position 중심의 협상에서는 단순히 가격 인하에 집중하게 되어 다양한 해결책을 찾기 힘들다. Interest 중심의 협상은 쌍방의 이익을 도모하는 결과를 창출한다.

협력 관계 구축

Position 중심의 협상은 상대방과의 대립을 초래할 수 있어 장기적인 관계 구축이 어렵다. 반면 Interest 중심의 협상은 상대방의 입장과 욕구를 고려하여 양측 모두의 이익과 상호 협력 관계 구축을 지향한다. 예를 들어, 상대방의 배송 속도 향상이 필요한 경우, 공급 업체와 협력하여 물류 프로세스 개선을 제안할 수 있다. Interest 중심의 협상을 통해 얻은 협력 관계는 기업 간의 신뢰를 높이고, 지속적인 파트너십을 가능하게 한다.

비즈니스 협상 모델의 탄생 에잇 블록 협상 모델

Interest는 협상의 목표와 지향하는 가치에 따라
Interest와 Hidden Interest로 구분할 수 있다.

Interest는 협상 주제와 직접적으로 연관된, 구체적이고 명확한 욕구나 목표다. 대개 협상의 결과나 조건들에 대한 내용으로, 가격, 수량, 납기, 품질 기준 등이 여기에 해당한다. 협상 과정에서 대개 명시적으로 논의되는 부분이다. 상대의 Position에 대한 이유를 찾아내거나 질문을 통해 파악할 수 있다. Interest에 대한 정확한 이해와 파악은 협상의 성공적인 결과를 위해 필수적이다. 이를 통해 상대방의 필요와 욕구를 이해하고, 이에 따른 효과적인 대응 전략을 수립할 수 있다.

Hidden Interest는 협상 과정이나 결과에 대한, 개인의 내재적인 욕구나 가치를 반영한다. 존중감, 신뢰, 공정성, 인정, 안정감 등 개인의 감정이나 가치에 관한 부분이다. Hidden Interest는 대개 명시적으로 표현되지 않지만, 상대방의 행동이나 의사 결정에 큰 영향을 미친다. 이를 파악하기 위해서는 상대방의 비언어적인 신호나 말하는 방식을 주의 깊게 듣고 관찰해야 한다. 특히, 공감 능력을 활용하여 상대방의 말을 경청하고, 그들의 감정과 생각을 이해하려 노력해야 한다. Hidden Interest를 정확히 파악하고 이해하는 것은 협상 과정에서의 진정한 이해와 신뢰 구축, 그리고 상대방과의 우호적 관계 형성에 강력하게 작용한다.

구분	욕구 (Interest)	숨겨진 욕구 (Hidden Interest)
정의	협상 결과와 직결되는 욕구	개인의 내재적인 욕구나 가치
예시	가격, 수량, 납기일, 품질 기준	존중감, 신뢰, 공성성, 인정, 안정감
중요성	협상 결과를 결정	협상 과정에 영향
파악 방법	질문, 분석	이해, 공감
표현 방식	명시적 언어	비언어적 신호
의사결정 방식	논리적, 분석적	감정적, 직관적

Ⅱ 5. 욕구 탐색

Position	Interest
	Interest
	Hidden Interest

협상에서 Position은 표면적으로 드러나는 입장이나 주장을 나타낸다. Interest는 Position이나 주장 뒤에 숨어있는 실제적인 욕구나 필요를 의미한다. Hidden Interest는 인식되지 않은 더 깊은 욕구로 이해할 수 있다.

예를 들어, 회사 A가 회사 B를 인수하고자 하고, 그 가격으로 100억 원을 제시했다고 가정해보자. 회사 A의 Position이다. 회사 A가 협상 테이블에서 구체적으로 제시하는 요구사항이다. 하지만 회사 B의 생각과는 거리가 있다. 서로가 생각하는 인수가격에 큰 차이를 보인다면, 다음단계는 Interest를 파악하는 일이다. 회사 A가 회사 B를 인수하려는 이유는 무엇일까? 회사 B의 특정 기술이나 브랜드 가치, 혹은 점유하고 있는 시장을 통해 경쟁력을 높이고자 하는 것일 수 있다. 겉으로 드러나지 않은 회사 A의 Interest다.

나아가 Hidden Interest는 무엇일까? 회사 A가 경쟁력을 높이려는 궁극적인 목적이다. B회사의 특정 기술 혹은 시장 선점을 활용한 신규 사업 진출이다. 회사의 주주 가치 증대 혹은 회사의 지속 가능한 성장이 회사 A의 Hidden Interest다.

이렇듯 상대방의 Position 이면에는 다양한 목적들이 있다. 이러한 숨어있는 Interest와 Hidden Interest를 파악하면 서로에게 가장 이상적인 결과를 가져올 수 있는 합의안을 찾아낼 수 있다.

#Position #Interest #Hidden Interest #요구
#욕구 #숨은 욕구 #입장 #Needs #궁극적 목적

Interest를 바라보는 시각

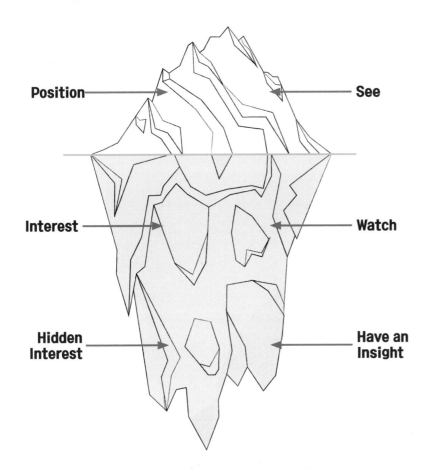

Position — **See**

Interest — **Watch**

Hidden Interest — **Have an Insight**

Position은 겉으로 드러나는(See) 요구사항이고, Interest는 관심을 갖고 관찰해야(Watch) 알 수 있는 개념이다. Hidden Interest는 좀 더 깊은 통찰(Have an Insight)이 필요하다.

백화점 상품기획자(MD)와 협력업체의 협상을 예로 들어보자. MD는 특정 공급업체로부터 가장 저렴한 가격으로 제품을 구매하고자 한다. 공급업체의 입장에서는, 가능한 한 높은 가격으로 제품을 공급하고자 한다. 드러나는 Position이다.

대화를 통해 조금 더 '관찰'하면, MD는 단순히 저렴한 가격의 제품을 원하는 것이 아니라, 더 많은 수익을 창출하고자 하는 목적이 있다는 것을 알 수 있다. 반대로 공급업체는 단지 더 높은 가격을 받는 것보다 안정적인 매출과 이익을 추구하는 게 목적이다. 상대의 입장을 주의 깊게 관찰한 결과 발견한 Interest다.

좀 더 심층적으로 '통찰'하면, 상품기획자(MD)는 제품의 가격 뿐만 아니라 제품의 품질, 공급 안정성, 제품의 독특성 등을 고려하며 전체적인 사업 성공을 추구할 것이다. 공급업체의 경우, 단기적인 판매 이익보다는 장기적인 관계, 신뢰성 및 시장 내에서의 브랜드 인지도 향상 등을 중요하게 생각한다. 'Hidden Interest'다.

Position (입장)	Interest (욕구)	Hidden Interest (숨겨진 욕구)
공급자의 가격 상향 요구	이윤 확대 및 운영비용 커버	시장 내에서 경쟁력 유지
구매자의 납기일 단축	제품 출시 일정 준수 및 생산 / 배송 스케줄 효율화	시장에서 첫 제품을 출시하여 경쟁 우위 확보
무상 보증 조건	제품 결함에 대한 보호 및 서비스 안정성 확보	고객 신뢰 증대 및 회사 이미지 보호
무료 기술 지원	제품 사용 중 발생 가능한 문제 해결	고객 만족도 향상 및 장기적인 고객 관계 구축
계약 기간 연장	계약기간의 확장으로 인한 비즈니스 안정성	장기적인 비즈니스 파트너십 및 안정적인 수익 흐름 확보
품질 표준 준수	제품의 내구성과 성능 보장	브랜드 가치 증대 및 고객 만족도 향상
추가 할인	비용 절감 및 이윤 증대	비용 효율성 및 경쟁력 증대
계약조건의 유연성	계약 상황에 따른 대응능력 향상	불확실한 시장 상황에 대한 위험 관리

Interest와 Hidden Interest 도출을 위한 질문

Interest

- 상대방이 협상에서 얻고자 하는 구체적인 목표는 무엇인가?
- 상대방이 중요하게 생각하는 협상 이슈와 그 이유는 무엇인가?
- 상대방이 원하는 자원이나 이익에 대해 어떤 정보를 가지고 있나?
- 상대방에게 어떤 부분을 양보하면 협상이 더 유리해질까?
- 상대방의 협상 방식과 전략에 대해 어떤 정보를 얻을 수 있나?
- 상대방이 어떤 대안이나 계획을 가지고 협상을 진행할 것인가?
- 상대방이 협상에서 절대 양보할 수 없는 부분은 무엇인가?

Hidden Interest

- 상대방은 이번 협상을 진행하면서 어떤 감정을 느끼고 있을까?
- 상대방의 비언어적 신호나 행동을 통해 어떤 숨겨진 욕구를 추론할 수 있을까?
- 상대방은 협상 과정에서 어떤 우려나 걱정을 가지고 있을까?
- 협상 결과가 상대방의 조직 내에서 어떤 평가를 받게 될까?
- 상대방이 과거 비슷한 협상 상황에서 어떤 욕구나 우려를 표현했을까?
- 상대방이 제안을 받아들이거나 거절하는 데 어떤 심리적인 이유가 있을까?
- 상대방의 조직 문화나 가치관이 협상 결과에 어떤 영향을 미칠 수 있을까?

Interest를 위한 질문의 기대효과

전략 수립

상대방이 원하는 것을 이해하면 상호 이익을 극대화할 수 있는 협상 전략 수립에 도움이 된다. 양당사자가 원하는 것을 더 많이 달성하는 윈-윈 상황으로 이어질 수 있다.

신뢰 및 관계 구축

상대방의 실질적인 이익을 이해하고 인정함으로써, 신뢰를 구축하고 긍정적인 협상 분위기를 조성할 수 있다. 현재와 미래의 협상에 도움이 된다.

우선순위 파악

모든 Interest가 똑같이 중요한 것은 아니다. 상대방이 어떤 문제를 더 중요하게, 혹은 덜 중요하게 생각하는지 파악할 수 있다. 상대에게 더 중요한 문제에 대해 양보하는 대가로, 상대에게 덜 중요한 문제에 대한 이득을 얻을 수 있다.

관계 촉진

상대방의 실질적인 이익을 이해하고 인정하면 보다 협력적인 협상 분위기를 형성할 수 있다. 생산적이고 긍정적인 협상으로 이어지는 주요 요건이다.

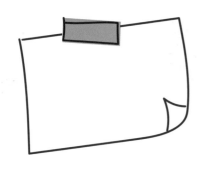

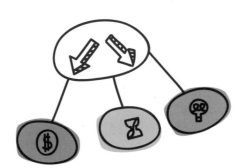

Hidden Interest를 위한 질문의 기대효과

지속 관계 구축

상대방의 감정과 관심사에 공감하고 이를 존중하는 것은 관계를 강화하고 신뢰를 구축할 수 있는 좋은수단이다. 장기적인 파트너십이나 지속적인 비즈니스 관계에 도움이 된다.

협상의 만족도 극대화

Hidden Interest가 충족되면 당사자는 실질적인 이해 관계 중 일부를 양보하더라도 협상 결과에 더욱 만족하는 경우가 많다.

미래의 갈등 방지

표면적으로는 협상이 성공적으로 진행된 것처럼 보이더라도 Hidden Interest를 무시하거나 오해하면 향후 불만과 잠재적인 갈등으로 이어질 수 있다.

창의적인 문제 해결

상대방의 숨겨진 욕구를 이해하면 협상의 교착 상태를 방지할 수 있는 대안과 창의적인 해결책을 제시할 수 있다.

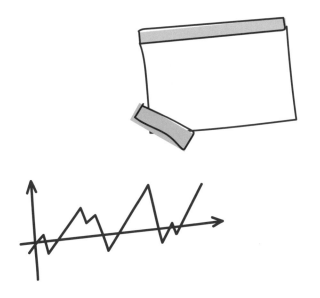

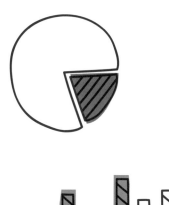

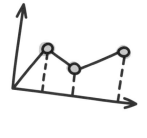

미식축구는 미국에서 가장 인기 있는 스포츠 중 하나다. 그 중에서도 프로볼(pro bowl) 경기는 팬들의 특별한 관심을 끈다. 프로볼은 미국풋볼리그(National Football League·NFL)에서 가장 빛나는 선수들이 모여 경기를 펼치는 행사다. 매 시즌이 끝난 다음 해 초에 열린다. 리그 최고 선수들의 열정과 노력을 기리는 무대다.

이런 중요한 행사임에도 불구하고, 1970년대 후반까지는 선수들이 프로볼 경기에 참석하는 것을 꺼렸다. 리그 성적에 반영되지 않는 이벤트성 경기였기 때문이다. 프로볼 경기 중 선수들이 당하는 충격은 시속 56km로 달리는 자동차가 벽에 충돌했을 때 받는 충격과 비슷하다. 이런 위험을 감수하며 경기에 나선다는 것은, 선수들에게는 큰 부담이다. 그런 부담을 감수하면서까지 참여하는 경기가 정규 시즌 성적에 전혀 영향을 미치지 않는다면? 선수들이 프로볼 참가를 망설이는 이유다.

NFL은 해결책을 찾아야 했다. 어떻게 하면 스타 선수들이 프로볼 경기에 참여하게 할 수 있을까? 해답은 선수들의 숨은 욕구를 충족시키는 것이었다. NFL은 경기 장소를 하와이로 옮겼다.

선수들은 1년 내내 경기에만 몰두하느라 가족과 많은 시간을 보낼 수 없었다. 프로 선수로서의 삶은 성공적이었지만, 아빠이자 남편으로서의 삶은 신경 쓸 겨를이 없었다. NFL은 선수들의 이런 심리를 캐치하고, 프로볼에 초청하는 선수들의 가정에 편지를 보냈다.

"당신을 올해 최고의 선수로 선정하여 프로볼 경기에 초청합니다. 가족과 함께 하와이에서 특별한 시간을 보내시는 건 어떨까요?"

선수들이 받은 편지에는 왕복 항공권, 호텔 숙박권, 그리고 휴양지 이용권 등이 포함되어 있었다. NFL의 전략은 성공적이었다. 매년 하와이에서 프로볼이 열리

스타 선수들의 욕구 탐색

Position	Interest
프로볼 경기 참석 망설임	스타 선수로서의 가치 인정
정규 리그 성적에 반영 안 됨	
부상 위험에 대한 부담감	가족에 대한 사랑
충분하지 않은 경제적 보상	

NFL Pro Bowl 개최지 승리팀 경기장

년도	승리팀	경기장	년도	승리팀	경기장	년도	승리팀	경기장	년도	승리팀	경기장	년도	승리팀	경기장
1971년	NFC	LA	1981년	NFC	Hawaii	1991년	AFC	Hawaii	2001년	AFC	Hawaii	2011년	NFC	Hawaii
1972년	AFC	LA	1982년	AFC	Hawaii	1992년	NFC	Hawaii	2002년	AFC	Hawaii	2012년	AFC	Hawaii
1973년	AFC	Texas	1983년	NFC	Hawaii	1993년	AFC	Hawaii	2003년	AFC	Hawaii	2013년	NFC	Hawaii
1974년	AFC	Missouri	1984년	NFC	Hawaii	1994년	NFC	Hawaii	2004년	NFC	Hawaii	2014년	Team Rice	Hawaii
1975년	NFC	Florida	1985년	AFC	Hawaii	1995년	AFC	Hawaii	2005년	AFC	Hawaii	2015년	Team Irvin	Arizona
1976년	NFC	Louisiana	1986년	NFC	Hawaii	1996년	NFC	Hawaii	2006년	NFC	Hawaii	2016년	Team Irvin	Hawaii
1977년	AFC	Washington	1987년	AFC	Hawaii	1997년	AFC	Hawaii	2007년	AFC	Hawaii	2017년	AFC	Florida
1978년	NFC	Florida	1988년	AFC	Hawaii	1998년	AFC	Hawaii	2008년	NFC	Hawaii	2018년	AFC	Florida
1979년	NFC	LA	1989년	NFC	Hawaii	1999년	AFC	Hawaii	2009년	NFC	Hawaii	2019년	AFC	Florida
1980년	NFC	Hawaii	1990년	NFC	Hawaii	2000년	NFC	Hawaii	2010년	AFC	Florida	2020년	AFC	Florida

는 전통이 생겨난 배경이다. 1980년에 시작된 '하와이 프로볼'전통은 2016년까지, 무려 40년 가까이 이어졌다.

NFL의 발상의 전환은 모든 이해관계자가 만족하는 결과를 가져왔다. 선수들은 가족과 함께하는 소중한 시간을 얻었다. NFL은 선수들이 기꺼이 프로볼에 참여하는 모습을 보게 됐다. 결국, NFL은 선수들의 숨은 욕구를 파악하여 이를 충족시키는 방안을 제시함으로써, 선수들이 흔쾌히 프로볼에 참가하도록 만드는 성공적인 협상을 만들어냈다.

Case. 벨리테오의 S백화점 입점 사례
"저렴한 수수료에 좋은 위치를 얻고 싶어요"

'벨리테오(Belliteo)'는 40-50대 남성층이 주로 찾는 패션 브랜드다. 광고 모델로 활동하는 K배우의 인기를 바탕으로 지난해 매출이 두 배로 늘었다. 금년에는 훨씬 더 공격적인 영업 전략으로 S백화점 강남점에도 입점할 계획이다.

S백화점 강남점은 벨리테오의 타겟 고객층인 40-50대 남성층이 자주 찾는 곳이다. 고객들의 소비력이 높아 주목받고 있다. S백화점 강남점은 프리미엄 백화점 체인이다. 신규 브랜드 입점을 신중하게 결정하는 것으로 유명하다. 백화점 브랜드 이미지에 직결되어서다. 브랜드 인지도뿐만 아니라 제품 품질과 고객 서비스에 대한 철저한 검토를 거치는 이유다.

벨리테오는 여러 차례의 미팅을 거쳐 자신감을 갖게 되었다. 브랜드 인지도, 제품 품질, 서비스 등 모든 항목에서 OK 사인을 받았다. S백화점 강남점의 담당자들 또한 벨리테오가 백화점 이미지에 잘 어울린다고 판단했다. 이제 입점에 관한 구체적인 조건들을 협상해야 할 단계다. 벨리테오의 영업본부장인 김성갑 이사는 성공적인 입점 협상을 위해 필요한 정보를 수집하느라 정신이 없다. 판매 수수료, 입점 위치, 이벤트 참여 기회, 홍보 지원 등이 협상의 주요 어젠다다.

벨리테오의 조사 결과, S백화점 강남점에서 남성 패션 브랜드의 평균 수수료율은 대략 30퍼센트 중반. 비슷한 수준의 인지도를 가진 다른 남성 패션 브랜드들의 수수료율은 대략 30퍼센트 초반인 것으로 보인다. 벨리테오의 목표는 브랜드의 성장가능성을 내세운 29%다. 또한, 에스컬레이터 및 주요 통로와 가까운 위치의 매장을 원한다. 이번 협상을 통해 이월 상품 이벤트 참여 및 백화점이 주최하는 다양한 홍보 지원을 결정하려고 한다.

하지만 본격적인 협상이 시작되자, 양측의 의견 차이가 분명해졌다. 백화점 측은 신규 입점 브랜드에 대한 수수료율을 35퍼센트로 설정했다. 심지어 유명프리미엄 브랜드들조차 32퍼센트 이하로 수수료율을 책정한 사례는 없다고 말했다. 게다가, 백화점이 제안한 매장 위치는 벨리테오의 기대와는 다소 거리가 있었다. 고객들이 직접 찾아와야 하는 위치였다. 백화점 측은 매출이 불확실한 신규 브랜드를, 모든 브랜드가 선호하는 위치에 배치하는 것은 리스크가 크다는 입장이다. 이월상품 이벤트 행사 참여나 홍보 지원에 대해서는 긍정적인 반응을 보였으나, 특별 행사는 백화점 매니저의 재량에 따라 결정되는 사항이라 계약 시점에서 확정적으로 결정하기는 어렵다.

벨리테오의 김성갑 이사는 처음에 세운 목표를 모두 달성하는 것이 어렵다는 판단을 내리고, 전략 수정에 들어갔다. 수수료율은 백화점 측의 요구를 반영하여 32퍼센트로 조정하되, 매장 위치는 좀 더 나은 곳으로 바꾸는 데 초점을 맞추기로 했다. 또한, 벨리테오의 성장 가능성과 브랜드 인지도를 설명하기 위한 프레젠테이션 자료를 작성하라고 실무진에게 지시했다. 신규 브랜드에 대한 불안감을 최대한 줄여주기 위한 전략이다.

함께 갈 파트너로서 백화점과는 장기적인 협력 관계를 구축하는 것이 중요하다는 것을 김성갑 이사는 잘 알고 있다. 입점 계약은 시작일 뿐, 입점 이후에 백화점과 어떤 관계를 유지하게 될지가 벨리테오의 성장에 큰 영향을 미칠 것이다. 이러한 관점에서, 일시적인 양보나 타협도 장기적인 비즈니스 관계를 위한 투자로 볼 수 있다. 김성갑 이사는 이에 따른 적절한 전략을 세우고 있다.

벨리테오의 S백화점 강남점 욕구 탐색

Position	Interest
수수료 35%	리스크 최소화
입점 위치 中	
이벤트 참가	백화점 브랜드 가치 유지
홍보 지원	

S백화점 강남점의 벨리테오 욕구 탐색

Position	Interest
수수료 29%	브랜드 인지도 강화
입점 위치 上	
이벤트 참가	명품 브랜드로의 성장
홍보 지원	

'NO'라는 말은 단지 협상의 시작일 뿐이다.

- 로저 도슨(Roger Dawson) -

Block 6.
창조적 대안 도출
DEVELOPING CREATIVE OPTION

양측의 Interest를 모두 만족하는
제3의 대안을 구하는 과정이다.
Win-Win 협상을 위한 필수 요소다.

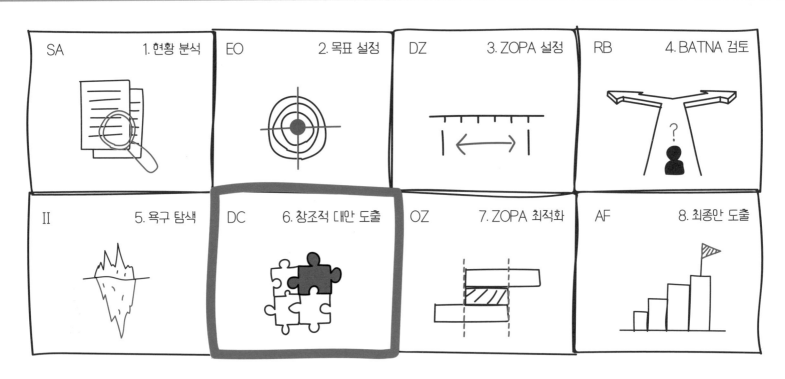

| SA | 1. 현황 분석 | EO | 2. 목표 설정 | DZ | 3. ZOPA 설정 | RB | 4. BATNA 검토 |
| II | 5. 욕구 탐색 | DC | 6. 창조적 대안 도출 | OZ | 7. ZOPA 최적화 | AF | 8. 최종안 도출 |

비즈니스 협상 모델의 탄생 **에잇 블록 협상 모델**

둘 다 만족하는
새로운 협상안을 마련하라!

창조적 대안(Creative Option)이란 협상 과정에서 쌍방의 이익을 동시에 만족시킬 수 있는 새로운 해결책이나 대안을 의미한다. 단순히 '이기거나 지는' 것을 넘어서 협상 상대방과 함께 새로운 가치를 창출하는 거다. Creative Option은 상대방의 Position과 Interest를 구분한다. Position이 아닌 Interest 기반의 협상을 통해 협상의 범위를 넓혀 상대방과의 공통 이익을 찾아내는 것에 중점을 둔다. 이러한 접근 방법은 협상 과정에서 쌍방의 만족도를 높이고, 지속 가능한 관계를 구축하는 데 도움이 된다.

창조적 대안

Creative Option

창조적 대안을 도출하는 과정은 퍼즐을 완성하는 과정과 유사하다. 각자의 조각들이 모여 하나의 완성된 그림을 만들어내듯, 각자의 요구와 욕구들이 합쳐져서 새로운 해결책을 만들어내는 것을 의미한다.

창조적 대안이란 상대방의 깊숙한 욕구를 파악하고, 그것을 만족시키는 새로운 해결책을 찾아내는 과정이다. 요구사항이 겉으로 드러나는 표면적인 부분이라면, 욕구는 그 아래 숨겨진 본질적인 부분을 가리킨다. 이를 발견하고 이해하면, 기존의 틀을 벗어난 새로운 솔루션을 제시할 수 있다.

예를 들어, 서로 다른 요구사항을 가진 두 팀이 공유 사무실을 어떻게 사용할지에 대해 논의하는 경우를 생각해보자. 한 팀은 사무실을 조용한 공간으로 유지하길 원하고, 다른 한 팀은 활기찬 공간을 원한다. 이 때, 상대방의 요구사항만을 고려하면 결코 합의점을 찾을 수 없다.

이때, 각 팀의 욕구를 파악해야 한다. 첫 번째 팀은 집중해서 일할 수 있는 공간이 필요하다는 것, 두 번째 팀은 활기를 느끼며 팀워크를 향상시킬 수 있는 환경이 필요하다는 것이다. 그렇다면 조용한 시간대와 활동적인 시간대를 분리하는 방법을 제안할 수 있다. 창조적 대안이다. 서로 다른 요구사항을 가진 이들이 합의점을 찾고, 더 나은 해결책을 찾아낼 수 있다.

이처럼 창조적 대안은 문제를 해결하는 데 새로운 시각을 제공하며, 상충하는 요구사항 사이에서 최적의 솔루션을 찾아내는 데에 중요한 역할을 한다.

'Block 6. 창조적 대안 도출' 단계에서 주의해야 할 사항은 다음과 같다.

첫째, 창조적 대안을 구상할 때는 개방적 사고가 필요하다. 일반적으로 사람들은 기존의 방식에 얽매이기 쉽다. 고정 관념을 깨고 새로운 관점에서 문제를 바라보는 것이 중요하다. 과거의 경험에만 의존하지 않고, 새로운 아이디어를 받아들이는 유연성을 가져야 한다.

둘째, 상대방의 관점과 이익을 고려한 대안을 제시하는 것이 중요하다. 단순히 자신의 입장에서만 생각하면, 상대방이 받아들이기 어려운 제안을 할 수 있다. 따라서 상대방이 어떤 결과를 원하는지, 어떤 가치를 중요하게 생각하는지를 고려하며 대안을 만들어야 한다.

셋째, 대안을 만들 때에는 실현 가능성을 고려해야 한다. 너무 이상적이거나 비현실적인 대안은 실행되기 어렵다. 대안은 창조적이면서도 실현 가능해야 한다. 또한, 대안이 실현되었을 때의 잠재적인 결과를 예측하고 이를 고려하는 것도 중요하다.

넷째, 창조적 대안을 만들 때는 다양한 가능성을 고려해야 한다. 한 가지 대안만을 고려하는 것이 아니라, 다양한 시나리오를 상상하고 그 중에서 최적의 방향을 선택하는 것이 중요하다. 이는 상황의 변화에 따라 유연하게 대응할 수 있게 해주며, 더 많은 선택지를 제공한다.

창조적 대안(Creative Option)의 기대효과

창조적 대안은 다양한 이점을 제공한다. 이는 문제 해결의 효과 뿐만 아니라,
그 과정에서 참여하는 모든 사람들에게도 긍정적인 영향을 준다.

새로운 시각 제공

창조적 대안은 기존의 방식이나 관점에서 벗어나 새로운 접근법을 제공한다.
이를 통해 문제를 해결하는 새로운 방법을 찾아내고, 더 효과적인 결과를 낼 수
있다.

가치 창출

창조적 대안은 새로운 가치를 창출한다. 이는 문제 해결을 넘어 새로운 기회를
만들어내며, 참가자들에게 추가적인 이익을 줄 수 있다.

상호 이해 증진

창조적 대안을 찾아내는 과정에서는 참가자들이 서로의 입장과 이해를 공유한
다. 이로 인해 서로의 관점을 이해하고, 갈등을 해결하는데 더 효과적이 된다.

신뢰 구축

창조적 대안은 서로에 대한 신뢰를 구축한다. 이는 모든 참가자들이 이익을 공
유하며 문제를 해결하는 과정에서 나타나게 된다.

Win-Win 상황 창출

창조적 대안은 모든 참가자가 이익을 얻는 상황을 만들어낸다. 이는 참가자들
이 서로의 이익을 인정하고 공유하는 결과를 가져온다.

유연성 강화

창조적 대안은 유연한 사고를 요구하며, 이는 참가자들이 새로운 상황에 더 효
과적으로 대응하게 한다.

효과적인 타협 도출

창조적 대안은 모든 참가자가 만족하는 타협을 도출하게 한다. 이는 갈등을 최
소화하며, 더 효과적인 문제 해결을 가능하게 한다.

교착 상태 해소

창조적 대안은 갈등이 교착상태에 빠진 경우, 이를 해결하는 방안을 제공한다.
새로운 관점과 접근법은 교착상태를 해결하는데 필요한 돌파구를 제시할 수
있다.

장기적 관점 제공

창조적 대안은 장기적인 관점에서 문제를 바라보게 한다. 이는 단기적 해결책이
아닌, 장기적인 이익을 고려한 효과적인 대안을 도출하게 한다.

협상과 창의적 사고 Negotiation and Creative Thinking

창의적 사고는 새로운 아이디어, 접근 방식, 해결책을 생성하는 능력을 가리킨다. 창의적 사고는 새로운 전략을 세우거나 변화하는 상황에 적응하는 능력을 제공하며, 이는 최적의 결과를 얻기 위해 필수적이다.

협상에서 창의적 사고의 필요성은 다양한 이유로부터 비롯된다. 상대방의 입장을 이해하고 상황에 따라 적절한 협상 전략을 도출하기 위해 창의적 사고가 필요하다. 또한, 상대방과의 합의를 위해 적절한 타협점을 찾아내는 과정에서도 창의적 사고는 필수적이다.

예를 들어, 기업간의 합작사업을 협상하는 경우를 생각해보자. 한 기업은 합작사업의 수익을 50:50으로 나누는 것을 원하며, 다른 기업은 그들의 기여도를 고려하여 70:30의 비율을 원한다고 하자. 이런 상황에서 창의적 사고를 활용하면 다양한 방법으로 문제를 해결할 수 있다.

양측은 수익을 균등하게 나누는 대신, 각 기업의 기여도를 고려하여 수익을 분배하는 새로운 방식을 제안할 수 있다. 또는, 사업의 초기 단계에서는 한 기업이 더 많은 수익을 얻지만, 일정 기간이 지나면 수익 분배 비율이 변경되는 방안을 제안할 수 있다. 이러한 아이디어들은 창의적 사고를 통해 도출될 수 있다.

협상 과정에서 창의적 사고는 새로운 상황이나 정보에 따라 전략을 수정하는 데도 도움이 된다. 예를 들어, 상대방이 예상치 못한 제안을 했을 경우, 창의적 사고를 통해 새로운 전략을 세우거나 현재의 전략을 수정할 수 있다.

창의적 사고는 또한 상대방과의 합의점을 찾는 데 중요하다. 협상은 종종 양측의 이익이 충돌하는 상황에서 이루어지기 때문에, 창의적 사고는 상대방과의 합의점을 찾아내는 데 필요한 새로운 아이디어나 해결책을 제공한다.

창의적 사고는 협상 과정에서 새로운 전략을 수립하고, 수정하며, 적응할 수 있는 능력을 제공한다. 이를 통해 변화하는 상황에 대응하고, 상대방과의 합의점을 찾아낼 수 있다. 창의적 사고를 활용하면 양측이 합리적인 방식으로 협상을 진행하고, 최적의 결과를 얻을 수 있다.

DC 6. 창조적 대안 도출

구분	우리	상대방
Core Agenda		
Position		
Interest		
Creative Option		

창조적 대안을 도출하는 과정은 양 당사자 사이의 갈등을 해소하고, 문제를 해결하는 방법이다. 핵심은 모든 당사자의 이익(Interest)를 만족시키는 방법을 찾는다는 데 있다. 구체적인 방법은 다음과 같다.

핵심 쟁점(Core Agenda) 파악

Core Agenda는 문제 해결의 중심이 되는 주요 이슈를 의미한다. 이를 파악하기 위해, 상대방의 얘기를 충분히 듣고 주요 쟁점이 무엇인지를 정리한다. 이 과정에서 상황을 명확히 이해하고 문제를 제대로 정의하는 것이 중요하다.

양측의 Position과 Interest 파악

Position은 각 당사자들이 취하고 있는 입장을, Interest는 Position에 대한 이유를 의미한다. 상대방의 명시적, 묵시적 목표를 이해하고, 이를 바탕으로 추구하는 궁극적인 목적을 파악하는 것이 필요하다.

창조적 대안(Creative Option) 도출

양측의 Interest를 기반으로 모두가 만족할 수 있는 대안을 찾는 단계다. 이를 위해선 '브레인스토밍'이나 '사고의 확장'과 같은 도구를 활용하는 것도 좋다. 창조적 대안을 고려할 때, 가능한 많은 옵션을 고려하고, 그 중 어떤 것이 양측 모두의 Interest를 충족할 수 있는지를 평가해야 한다.

창조적 대안을 도출하는 과정에서는 상대 입장에서 생각하는 개방적 사고와 문제를 새로운 관점에서 해결하려는 창의적 사고가 필요하다. 또한 객관적이고 공정한 입장에서 문제를 바라보는 것이 중요하며, 각 당사자들의 이해관계를 적절하게 조화시키는 것이 핵심이다.

#핵심 쟁점 #교착상태 #Creative Option #창조적 대안
#Win-Win 협상 #Common Ground #가치창출
#관계구축 #창의적 사고

창조적 대안(Creative Option) 도출을 위한 질문

상대방의 입장과 우려 이해

상대방의 가장 큰 우려는 무엇일까?

상대방이 우리의 입장이라면 어떤 해결책을 제안할까?

상대방이 가장 중요하게 생각하는 것은 무엇일까?

이번 협상에서 상대방이 얻고 싶어하는 것은 무엇인가?

새로운 관점에서의 문제 해결과 협상 전략

다른 산업이나 비즈니스에서는 이와 비슷한 문제를 어떻게 해결했나?

만약 이번 협상이 완벽하게 진행된다면, 그 결과는 어떻게 될까?

우리가 양보할 수 있는 부분은 무엇이며, 그러한 양보가 가능하다면, 반대급부로 어떤 부분을 얻을 수 있을까?

이 문제를 해결하는 데 도움이 될 만한 다른 사람이나 기관을 참여시키는 것은 어떨까?

협력과 신뢰 구축

어떤 자원이나 정보를 더 공유하면 협상을 진전시킬 수 있을까?

다른 이슈를 포함시켜 협상의 범위를 확장하면 어떨까?

장기적인 신뢰 관계 구축이라는 가치는 어떻게 반영할 수 있을까?

상대방에게 더 큰 이익을 제공하면서 우리의 목표도 함께 달성할 수 있는 방법은 없을까?

비즈니스 협상 모델의 탄생 에잇 블록 협상 모델

질문에 대한 기대효과

1. 상대방의 입장과 우려 이해

이 질문들을 통해 우리는 상대방의 입장을 더 잘 이해하고, 그들의 우려와 목표를 파악할 수 있다. 이러한 이해는 협상에서의 공감적인 대화를 가능하게 하고, 협상의 범위를 넓혀 합의에 이를 가능성을 높인다. 이를 통해 상대방의 결정 과정을 이해하고 예측하게 되어, 더 효과적인 대응 전략을 세울 수 있다.

2. 새로운 관점에서의 문제 해결과 협상 전략

이 질문들을 통해 우리는 협상 문제에 대한 새로운 관점과 해결 전략을 도출할 수 있다. 다른 산업이나 비즈니스의 사례를 참조하거나, 새로운 이해관계자를 참여시키는 것은 창의적인 해결책을 제시하거나 협상의 동력을 제공할 수 있다. 이러한 질문들은 우리가 협상에서 양보할 부분과 얻을 수 있는 부분을 분명히 파악하도록 돕는다. 이는 협상의 목표를 명확히 설정하고, 이를 달성하는 전략을 수립하는 데 큰 도움이 된다.

3. 협력과 신뢰 구축

이 질문들을 통해 우리는 상대방과의 협력을 증진하고 장기적인 신뢰를 구축할 수 있다. 정보를 공유하고 협상의 범위를 확장함으로써, 상대방과의 관계를 강화하고, 더 광범위한 합의점을 찾을 수 있다. 장기적인 신뢰 관계를 구축하는 것은 앞으로의 협상이나 상호 작용에서 유리한 위치를 확보하게 된다.

Case. AT&T의 미디어원 M&A 협상
"모두가 원하는 그림을 만들어 보자고요"

1999년, 미디어원(MediaOne)은 미국 케이블TV 업계 4위였다. 또 다른 케이블 TV 기업인 컴캐스트가 미디어원 인수 계약을 체결했다. 뒤늦게 인수 경쟁에 뛰어든 AT&T는 컴캐스트보다 훨씬 더 좋은 조건을 제시했다. 미디어원은 컴캐스트에 계약 파기금 15억달러를 지불하겠다 했다.

AT&T가 미디어원을 인수하면 케이블 TV 시장의 65%를 차지하게 된다. 실질적인 독점체제다. 이를 막기 위해 MS와 AOL은 컴캐스트를 지원했다. 그러나 인수 금액이 계속해서 올라가자 AOL은 지원을 포기했다. MS도 태도를 바꾸었다.

AT&T와 컴캐스트의 미디어원 인수 목적은 서로 달랐다. AT&T는 미디어원의 케이블망이 필요했고, 컴캐스트는 미디어원의 고객이 필요했다. AT&T는 협상 상대를 미디어원에서 컴캐스트로 바꾸었다.

AT&T는 컴캐스트에게 이번 경쟁에서 물러나면 다양한 베네핏을 제공하겠다 제안했다. 컴캐스트는 AT&T의 제안을 받아들였다. 대안이 사라진 미디어원은 AT&T를 선택할 수밖에 없었다. AT&T는 예상보다 낮은 금액으로 미디어원을 인수할 수 있었다. AT&T와 컴캐스트, 그리고 미디어원의 경쟁과 협상이 어우러진 인수전의 결말이었다.

AT&T의 협상 전략은 섬세하고, 적확했다. AT&T와 컴캐스트가 인수금액을 경쟁적으로 높이는 것은 모두에게 마이너스였다. AT&T는 컴캐스트의 지원군을 제거하기 위해, 먼저 MS에 접근했다. 통합 서비스 제공에 필요한 셋톱박스 운영 시스템을 MS의 소프트웨어로 바꾸겠다 했다. AT&T와 MS의 포괄적인 제휴 협상이 이루어졌다.

다음은 컴캐스트였다. 컴캐스트는 동부 해안 지역에서의 시장 지배력을 강화하고 싶어했다. 컴캐스트가 미디어원을 인수하면, 유력 경쟁사인 Bell Atlantic과 대등한 위치로 올라설 수 있었다.

AT&T는 각자의 욕구에 부합하는 시장 구조를 염두에 두고 협상을 진행했다. 케이블망 교환 및 고객 DB 제공 등을 통해, AT&T와 컴캐스트 모두가 윈윈할 수 있는 상황을 만들어냈다.

컴캐스트는 결국 인수전에서 물러났다. 닭 쫓던 개 신세가 되어버린 미디어원은 AT&T의 품에 안겼다. AT&T는 숙원이었던 미디어원의 케이블망을 확보했다. 미국 최대 케이블 사업자로의 도약이었다.

창조적 대안 도출

구분	AT&T	Comcast
Core Agenda	미디어원 인수	
Position	우리가 인수	우리가 인수
Interest	미디어원의 케이블망을 통한 경쟁력 확보	미디어원의 고객을 통한 경쟁력 확보
Creative Option	AT&T가 인수 후 컴캐스트에 200만 가입자 양도	

컴캐스트도 얻은 게 적지 않았다. AT&T와의 협상을 통해 75만 명의 미디어원 고객데이터를 가구당 4,500달러에 넘겨받기로 했다. 추가로 125만 명의 고객 데이터를 3년에 걸쳐 인수할 수 있는 선택권도 얻었다. 동부 해안 기반의 목표 시장을 더욱 확고히 차지할 수 있게 된 거다.

뿐만 아니다. 컴캐스트는 미디어원으로부터 계약 파기금으로 15억 달러를 받았다. AT&T와의 케이블망 거래를 통해 새로운 도약의 발판도 만들었다. 미디어원 인수전에서 물러난 것이 컴캐스트에게는 신의 한 수였던 셈이다.

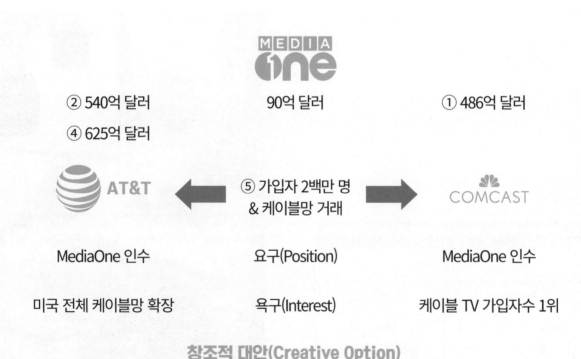

MEDIA one

② 540억 달러   90억 달러   ① 486억 달러
④ 625억 달러

AT&T ← ⑤ 가입자 2백만 명 & 케이블망 거래 → COMCAST

MediaOne 인수   요구(Position)   MediaOne 인수

미국 전체 케이블망 확장   욕구(Interest)   케이블 TV 가입자수 1위

창조적 대안(Creative Option)
AT&T 인수 + 200만 가입자 양도/케이블망 거래

Case. 테크노봇 vs 메이크웰의 라이선스 협상
"모두가 만족할 수 있는 대안이 있나요?"

기술기업 '테크노봇(TechnoBot)'과 제조기업 '메이크웰(MakeWell)'의 두 대표가 특허 라이선스 협상을 진행하고 있다. 테크노봇은 AI 기술과 로봇공학에 특화된 기업이다. 인공지능이 결합된 로봇 기술을 개발하여 다양한 산업에 적용하고 있다. 이번 협상에서는 그들의 최신 AI 기술 특허를 메이크웰에 라이선싱하려고 한다.

메이크웰은 고품질의 가전제품 생산에 주력하고 있다. 테크노봇의 기술은 메이크웰의 생산성을 대폭 향상시켜줄 것으로 예상된다. 강력한 경쟁 우위 확보로. 메이크웰은 향후 급격한 매출 증가를 기대하고 있다. 메이크웰의 향후 5년치 예상 매출액은 2년차 700억 원을 시작으로, 5년차에는 1,300억 원에 이를 거라는 전망이다. 하지만 매출에 대한 기술 라이선스 기여도는 시간이 지남에 따라 줄어들 것이라는 게 메이크웰의 입장이다.

양측은 시장 전망에 대한 기본적인 견해 차이를 가지고 있다. 테크노봇은 자사의 기술이 메이크웰의 경쟁력을 시장에서 독보적으로 만들 것이라 확신한다.

높은 로열티를 요구하는 이유다. 반면, 메이크웰은 시장의 불확실성과 경쟁 요인을 감안하여, 향후 매출에 대한 로열티 비율을 낮추려고 한다.

테크노봇은 특허 라이센싱을 조건으로 초기 기술 개발비 명목으로 일시금 300억 원을 요구하고 있다. 또한, 향후 메이크웰 매출액의 6%를 러닝 로열티로 요구하고 있다. 반면, 메이크웰은 일시금 250억 원과 이후 매출액의 4%를 러닝 로열티로 제안했다. 가능한 한 낮은 비용으로 기술을 얻겠다는 생각이다.

협상의 주요 쟁점은 러닝 로열티를 정하는 방식이다. 메이크웰은 특허 라이선스에 대한 기여도가 시간이 지남에 따라 감소한다는 입장이다. 매출 상승에 따른 특허 기술의 기여도는 시간이 지날수록 떨어지는 게 일반적이다. 따라서 러닝 로열티는 시간이 지날수록 낮아져야 된다는 주장이다. 반면, 테크노봇은 매출액이 지속적으로 상승한다는 것은 그만큼 특허 기술의 효과가 크다는 증거라고 주장한다. 따라서 테크노봇은 시간이 지날수록 러닝 로열티가 높아져야 한다고 역설한다.

협상의 결과는 예측하기 어렵다. 결국 이 협상은 양측의 요구사항과 시장 전망에 대한 견해 차이, 그리고 로열티를 정하는 방식에 따른 창의적인 솔루션을 필요로 한다. 어떻게 하면 양측의 목표와 기대를 모두 만족시키는 합의점을 찾아낼 수 있을까?

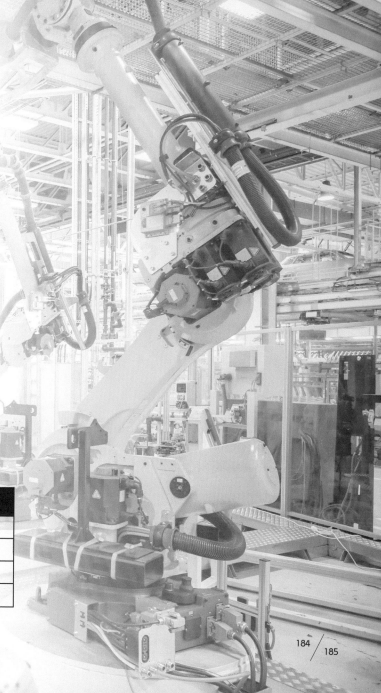

창조적 대안 도출

구분	테크노봇	메이크웰
Core Agenda	러닝 로열티 결정 방식	
Position	시간이 지날수록 높아져야 함	시간이 지날수록 낮아져야 함
Interest	기술에 대한 자부심 및 합리적 보상	불확실성 리스크 헤징 및 장기 수익률 기대
Creative Option	년도별 예상매출액에 따른 차등적용 + Minimum 로열티 적용	

연도별 러닝 로열티 예시

구분	2년	3년	4년	5년
1301억 ~	7%	6%	5%	5%
1001억 ~ 1300억	6%	5%	4%	4%
701억 ~ 1000억	5%	4%	3%	3%
~ 700 억	4%	3%	3%	3%

당신이 원하는 것을 얻는 최고의 방법은
상대방이 원하는 것을 얻도록 도와주는 것이다.

- 로널드 M. 샤피로(Ronald M. Shapiro) -

Block 7.
ZOPA 최적화

OPTIMIZING THE ZOPA

협상 과정을 분석해
양측의 ZOPA를 도출함으로써
원만한 합의를 이끌어낼 수 있다

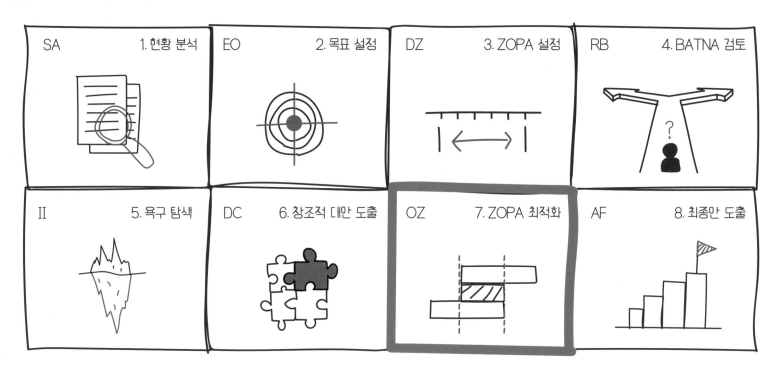

SA	1. 현황 분석	EO	2. 목표 설정	DZ	3. ZOPA 설정	RB	4. BATNA 검토
II	5. 욕구 탐색	DC	6. 창조적 대안 도출	OZ	7. ZOPA 최적화	AF	8. 최종안 도출

비즈니스 협상 모델의 탄생 **에잇 블록 협상 모델**

합의가능영역을
도출하라!

ZOPA 최적화는 협상 과정에서 얻어진 상대방의 정보를 기반으로 현재시
점에서 양 당사자의 합의 가능 영역을 도출하는 과정이다. ZOPA 최적화
는 상대방과 우리의 목표가격과 결렬가격, 그리고 Interest가 겹치는 영
역을 가리킨다. 협상의 성공 여부를 결정짓는 중요한 지표로 최종 합의안
을 구성하기 위한 필수적인 기준을 제공한다. ZOPA 최적화를 통해 협상
의 최종 결과를 예상하고 준비할 수 있다.

ZOPA 최적화

Optimizing the ZOPA

ZOPA 최적화는 협상 과정을 통해 상대방의 목표가격과 결렬가격을 추정하고, 그를 바탕으로 양측의 합의 가능한 영역을 찾아내는 과정을 말한다.

예를 들어, 회사 A가 제품을 회사 B에 팔기 원한다. 이때 회사 A의 목표가격은 500만 원, 결렬가격은 400만 원이다. 반면에 회사 B는 그 제품을 구매하길 원하고, 목표가격은 350만 원, 결렬가격은 450만 원이다. 이때 양측의 결렬가격 사이에서 합의가능영역이 형성된다.

따라서 ZOPA는 400만 원에서 450만 원 사이가 될 것이다. 이 범위 안에서 협상이 진행되어야 하며, 협상의 결과는 이 범위 내에서 합의점을 찾아내는 것이 중요하다.

이때 회사 A와 B는 ZOPA의 범위 안에서 각자 최선의 결과를 도출하려 할 것이다. 이를 위해선 가격 이면에 숨어 있는 상대방의 Interest를 파악하여 추가 어젠다를 협상에 끌어들이는 전략이 필요하다.

ZOPA 최적화 단계에서 주의해야 할 사항은 다음과 같다.

첫째, ZOPA는 협상에서 합의가 이루어질 수 있는 범위를 나타내므로, 협상 과정에서 자신과 상대방이 모두 받아들일 수 있는 최소한의 조건과 최대한의 이익을 명확하게 인지해야 한다. 이를 위해 충분한 정보 수집과 분석이 필수적이다. 잘못된 정보나 부정확한 분석은 ZOPA를 잘못 판단하게 만들 수 있다.

둘째, ZOPA 최적화 과정에서는 객관적이고 현실적인 판단이 중요하다. 자신의 기대치가 높아지면서 실제 ZOPA를 초과하는 경우, 합의점을 찾는 것이 어려워질 수 있다. 반대로, 너무 낮은 기대치는 자신의 이익을 충분히 확보하지 못하게 할 수 있다.

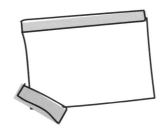

셋째, 상대방의 입장과 조건을 충분히 이해하고 고려하는 것이 중요하다. 이는 상대방의 BATNA를 파악하는 것을 포함한다. BATNA를 알면 상대방이 어떤 조건을 수용할지 예측할 수 있고, 이를 통해 ZOPA를 정확하게 판단하는 데 도움이 된다.

넷째, ZOPA는 유동적일 수 있으며, 시간과 상황에 따라 변할 수 있다. 따라서 유연한 자세를 유지하고, 새로운 정보나 변화를 빠르게 인지하고 적응하는 것이 필요하다. 이를 통해 변화하는 상황에 맞게 ZOPA를 재조정하고, 더욱 효과적인 협상을 이끌어낼 수 있다.

ZOPA 최적화의 기대효과

상호 만족도 향상

ZOPA 최적화를 통해 합의 가능한 영역을 명확히 할 수 있다. 이는 각 당사자가 합의된 결과에 대해 공정하게 합의되었다고 느끼게 해준다. 이러한 공정성은 더 나은 협상 결과 뿐 아니라, 상호 신뢰와 장기적인 관계 구축에도 기여한다. 상대방이 합의된 가격이 공정하다고 느낀다면, 미래의 협상에서 더 협력적인 태도를 보일 수 있다.

협상 과정의 효율성 증가

ZOPA를 명확히 함으로써, 협상을 더 효율적으로 진행할 수 있다. 협상 범위가 명확해지면, 불필요한 논쟁을 피하고, 중점적으로 논의해야 할 사항에 집중할 수 있게 된다. 이는 협상 시간을 단축시키고, 결정을 더 빠르게 내릴 수 있게 도와준다.

충돌 및 결렬 최소화

ZOPA 최적화를 통해 각 당사자의 요구사항이 공정하게 고려된다는 인식을 높일 수 있다. 이는 협상 과정의 충돌을 최소화하고, 결렬을 예방할 수 있다. 이 과정에서 불필요한 갈등을 줄이면서 모든 당사자가 협상 과정에 만족감을 느낄 수 있도록 한다.

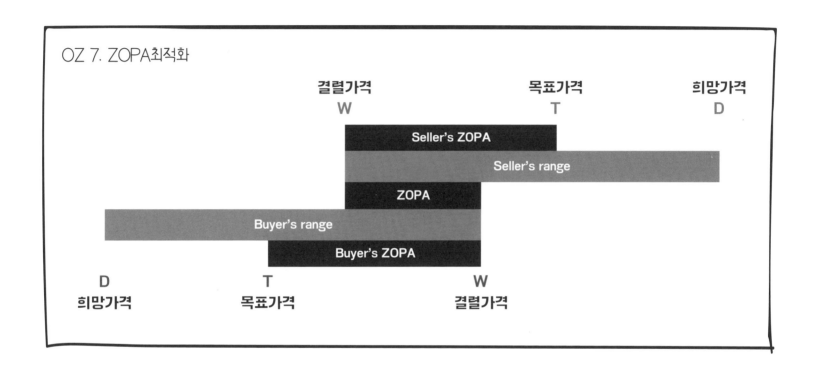

OZ 7. ZOPA최적화

결렬가격
W

목표가격
T

희망가격
D

Seller's ZOPA

Seller's range

ZOPA

Buyer's range

Buyer's ZOPA

D
희망가격

T
목표가격

W
결렬가격

협상 진행 구간 별 의사결정 기준

구매자의 전략적 요구 구간이다. 상품이나 서비스의 질적 차이가 없거나 경쟁이 치열한 산업군에서 흔히 나타난다. 공급자는 레퍼런스 확보, 장기 거래, 대량 계약 등 특별한 목적이 없는 한 수용해선 안 되는 구간이다. 사전에 한계가격을 설정해 결렬의 기준을 마련해 두는 것이 중요하다.

공급자의 전략적 제안 구간으로 보통 협상초기에 나타난다. 상품이나 서비스가 독점적이거나, 구매자가 시간적으로 급한 사정이 아니라면 합의되지 않는다. 공급자는 가격의 기준과 근거를 마련해 제안 가격의 정당성을 확보해야 한다. 구매자는 시간 여유와 대안을 모색하며 공급자의 수정 제안을 요청해야 한다.

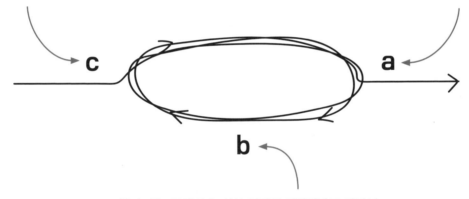

합의 가능 구간이다. 협상 타결이 임박했다고 판단해도 좋다. 협상과정에서 감정적 충돌이 없었다면 최소한 결렬은 막을 수 있다. 다만, 구간 내에서 공급자는 최대한 우측에서, 구매자는 최대한 좌측에서 협상을 타결하고 싶어한다. 이때 가격 이외에 추가 어젠다를 활용하면 원만한 결과를 이끌어낼 수 있다.

#협상 최적화 #ZOPA
#합의 가능 영역 #예측 가능성
#손익 분기점 #BATNA
#추가 안건 #Win-Win
#창조적 대안

ZOPA 최적화를 위한 질문

목표가격 (Target Price) 추정을 위한 질문

• 상대방이 제시한 가격에 대한 논리나 근거는 무엇인가?

• 상대방이 자주 언급하거나 강조한 조건이나 요소는 무엇인가?

• 상대방이 협상 과정에서 어떤 요소를 타협 없이 유지하려고 했는가?

• 상대방의 협상 스타일과 패턴에서 그들의 목표가격에 대해 어떤 힌트를 얻을 수 있는가?

• 상대방이 제안한 다른 조건들과 가격 제안이 어떻게 연관되어 있는가?

• 상대방이 어떤 시점에서 가격을 제시했나? 그 시점이 가격에 어떤 의미를 가질 수 있는가?

• 가격 결정에 있어 상대방이 어떤 요인을 가장 중요하게 생각하는가?

결렬가격(Walk-Away Price) 추정을 위한 질문

- 상대방이 어떤 조건이나 가격에 대해 강력하게 반대하거나 거부했는가?
- 상대방이 협상을 중단하거나 다른 대안을 탐색하는 데 어떤 요인이 결정적이었는가?
- 협상이 진행되지 않을 경우, 상대방이 가장 우려하는 결과는 무엇인가?
- 결렬가격에 도달했을 때 상대방이 어떤 행동을 취할 것으로 예상하는가?
- 상대방이 다른 협상 대안을 가지고 있다면, 그 대안은 그들의 결렬가격에 어떤 영향을 미칠까?
- 상대방이 어떤 조건을 결렬가격으로 보는 것 같은가?
- 상대방이 협상 중 어떤 부분에 가장 신경을 썼으며, 그 부분이 결렬가격과 관련이 있는가?

협상 최적화Optimization

Case. 하이테크 vs 모바일리더스의 M&A 협상
"우리 회사의 가치는 얼마인가요?"

스타트업 기업 ㈜하이테크와 ㈜모바일리더스가 M&A 협상을 진행 중이다. 이미 두 차례의 협상을 가졌다. 하이테크는 AI 기반의 솔루션을 개발하는 스타트업이다. 이들은 최신 기술을 가지고 있지만, 추가 자금이 필요하다. 자금만 있으면 연구 개발을 확대함으로써 시장 확장도 가능하다. 하이테크는 자사의 기술가치, 특허, 미래 성장 잠재력을 반영하여 410억 원을 내부적인 협상 목표로 정했다. 시장에선 400억 원 이상은 과도하다는 평가다. 하이테크가 모바일리더스에 제안한 가격은 450억 원이다. 최근 스타트업 시장에서 비슷한 규모의 M&A 협상이 480억 원에 타결된 사례가 있다.

모바일리더스는 모바일 기술 분야에서 빠르게 성장하는 스타트업이다. 그들은 하이테크의 AI 기술에 관심이 많다. 이 기술을 자사의 제품과 서비스에 접목하고자 한다. 모바일리더스의 목표가격은 370억 원이다. 하이테크의 현재 가치와 미래의 성장 가능성, 그리고 모바일리더스 자체의 재무 상황을 고려하여 산정

한 금액이다. 모바일리더스가 하이테크에 제안한 가격은 350억 원이다. 경영진은 390억 원까지는 고려할 수 있다는 판단이다. 만약 하이테크가 그 이상을 요구하면 모바일리더스는 다른 스타트업을 찾거나, 내부 자원을 활용해 AI 기술을 개발하기로 전략회의를 마쳤다.

한편, 빅데이터 분석에 전문화된 스타트업 ㈜빅데이터파이 역시 하이테크의 AI 기술에 관심을 가지고 있다. 하이테크와 모바일리더스의 협상 상황을 주시하고 있는 이유다. 만약 모바일리더스와의 협상이 결렬된다면, 하이테크에게 투자 혹은 인수 제안을 하려 한다. 빅데이터파이는 하이테크에 인수의향을 내비치며 물밑 협상을 벌이고 있다. 빅데이터파이가 제안한 금액은 350억 원이다.

협상의 주요 쟁점은 하이테크의 가치에 대한 인식 차이다. 하이테크는 그들의 기술 가치를 높게 평가한다. 모바일리더스는 시장의 불확실성과 하이테크의 자

금 조달 필요성을 감안하여 보수적인 입장이다. 이 차이가 협상 과정을 복잡하게 만들고 있다. 현재 하이테크와 모바일리더스는 최종 협상을 앞두고 있다. 양측 모두 유리한 결과를 얻고 싶어한다. 빅데이터파이 역시 이 상황을 예의주시하며 다음 단계를 계획하고 있다.

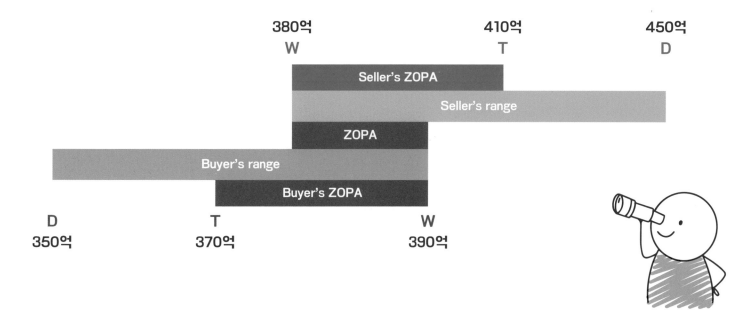

양측 모두 ZOPA를 이해하면, 누가 이길지가 아니라

양측 모두가 어떻게 이길 수 있는지에 대한 논의가 가능해진다.

- 므라덴 크레지크(Mladen D. Kresic) -

비즈니스 협상 모델의 탄생 에잇 블록 협상 모델

Block 8.
최종안 도출
ARRIVING AT A FINAL DECISION

협상과정을 토대로 어젠다별 선택지를 구성한다.
원만한 합의를 가능하게 함은 물론
상대의 만족감을 높여준다.

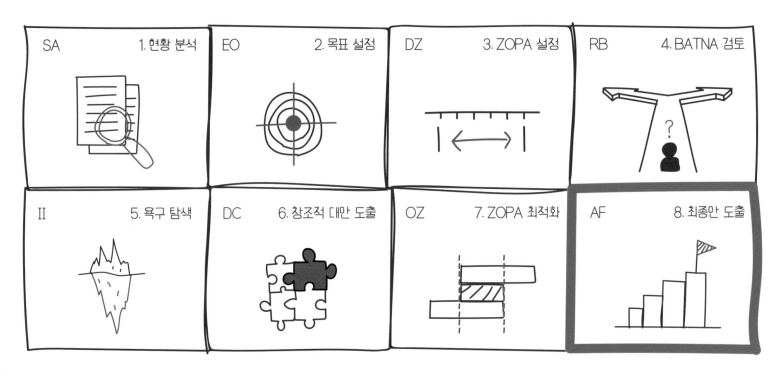

SA	1. 현황 분석	EO	2. 목표 설정	DZ	3. ZOPA 설정	RB	4. BATNA 검토
II	5. 욕구 탐색	DC	6. 창조적 대안 도출	OZ	7. ZOPA 최적화	AF	8. 최종안 도출

비즈니스 협상 모델의 탄생 **에잇 블록 협상 모델**

끝날 때까지
끝난 게 아니다.

여러 차례 협상 과정을 거쳐 최종안을 준비하는 단계다. 최종안 준비 단계에서는 상대방의 선택권을 고려해 복수의 선택지를 만드는 게 중요하다. 최종안은 협상 과정에서 논의된 내용을 정확하게 반영해야 한다. 또한, 모든 선택지는 합리적이고 공정해야 한다. 자신에게만 유리한 선택지는 상대방의 불신을 야기하여 협상을 방해할 수 있다. 최종안 제시 후에도 상대방의 피드백과 제안에 열린 마음을 가져야 한다. 최종안은 협상의 '종결'이 아니다. 협상 진행의 '과정'이란 점을 기억해야 한다.

최종안 도출

Arriving at a Final decision

최종안 준비 단계에서는 상대방이 만족할 만한 결과를 제시할 수 있도록 합리적이고 공정한 선택지를 제시해야 한다. 상대방의 요구와 기대를 충족시키면서도 자신의 목표를 달성할 수 있는 결과를 창출하려는 노력이 필요하다. 이 과정에서 공격적이거나 일방적인 접근보다는 상호 존중의 자세를 보여야 한다.

최종안을 준비하는 과정에서는 세부적인 사항들에 주의를 기울여야 한다. 작은 부분 하나가 협상의 전반적인 결과를 크게 바꿀 수 있기 때문이다. 단순히 금전적인 이익 뿐 아니라, 계약 조건, 일정, 책임과 권한 등과 같은 다양한 요소를 고려해야 한다.

최종안을 제시한 후에도, 이를 받아들이는 것이 상대방의 최선의 선택이라는 것을 명확하게 알려야 한다. 그러기 위해서는 상대방의 입장과 필요성을 충분히 이해하고 그에 맞는 해결책을 제시해야 한다. 이 과정에서 상대방의 요구사항과 우리가 제공할 수 있는 것 사이의 균형을 찾아야 한다.

이런 접근법은 상대방이 적극적으로 참여하고 책임감을 느끼게 한다. 또한, 협상 결과가 두 당사자 모두에게 공정하다고 인식되게 하여, 장기적인 관계를 유지하고 협상 결과를 지속적으로 실행할 수 있게 한다.

다만, 상대방의 피드백을 받아들일 때는 신중해야 한다. 피드백이 우리의 최종 목표나 원칙에 부합하는지, 협상을 원활하게 진행하기 위한 방편인지를 판단해야 한다. 이는 협상 과정에서의 유연성과 원칙을 지키는 태도 사이에서 균형을 찾는 것이다.

최종안이 마련되면, 이를 상대방에게 전달하는 방식도 중요하다. 공정하고 친절한 표현을 사용하면서도 자신의 입장을 분명히 표현해야 한다.

최종안 도출 과정에서 주의해야 할 사항은 다음과 같다.

첫째, 협상의 핵심 사항에 대한 공통의 이해가 중요하다. 양 당사자가 합의한 내용과 이해한 바가 서로 다르다면, 나중에 혼란이 생길 수 있다. 따라서 양 당사자가 이해한 사항을 명확히 정리하고, 이것이 최종안에 반영되도록 하는 것이 중요하다.

둘째, 협상 결과에 대한 명확한 문서화는 필수적이다. 최종안이 체계적이고 명확하게 기록되어야 한다. 이는 미래의 오해를 방지하고, 협상 결과를 추적하고 확인하는 데 도움이 된다.

셋째, 최종안 도출 과정에서는 모든 이해관계자들의 동의가 필요하다. 만약 어떤 당사자가 동의하지 않는다면, 합의한 내용을 실행하는 데 어려움이 생길 수 있다. 따라서 모든 이해관계자들의 의견을 청취하고, 그들이 최종안에 동의할 수 있도록 하는 것이 중요하다.

넷째, 가능한 한 윈-윈 상황을 추구해야 한다. 최종안이 한쪽만을 위한 것이라면 지속 가능한 합의라고 할 수 없다. 따라서 양측 모두에게 이익이 될 수 있는 최종안을 도출하는 것이 필요하다. 이는 상대방의 입장을 충분히 고려하고, 협상 과정에서 상호 존중하는 자세를 유지함으로써 이루어질 수 있다.

바람직한 최종안의 성격

공정성

최종안은 당사자들 간의 요구와 Interest를 공정하게 반영해야 한다. 모든 당사자들이 협상 결과에 만족하고, 누구의 이익도 과도하게 우위에 서지 않도록 균형을 맞추는 게 좋다. 이를테면, 회사 A와 회사 B가 상호 협력 계약을 체결할 때, 양 회사의 기여도와 이익을 고려한 공정한 분배가 이루어져야 한다. 회사 A가 제품 개발에 큰 투자를 한 경우, 이에 따른 이익을 적절히 반영해야 한다.

현실성

최종안은 실현 가능하고 현실적인 범위 내에서 결정되어야 한다. 협상 결과가 실행 불가능하거나 비현실적이라면 또 다른 분쟁을 야기할 수 있다. 가령, 환경 보호 단체와 공장 사업자가 오염 줄이기를 위한 협상을 진행한다고 하자. 공장 사업자에게 단기간 내 완벽한 오염 제거를 요구해봐야 현실적으로 불가능한 일이다. 단계적으로 오염을 줄여 나갈 수 있는 현실적인 목표를 설정하는 것이 바람직하다.

유연성

최종안은 변화하는 상황에 대응할 수 있도록 유연성을 가져야 한다. 새로운 정보나 요구사항에 대응하고, 필요한 경우 협상을 재개할 수 있는 여지를 남겨둘 수 있어서다. 국가 간의 무역 협상에서 관세 인하를 논의하는 경우, 불확실한 시장 상황에 대비해 유연한 관세 정책을 채택하는 것이 좋은 예다. 이를테면, 특정 품목의 수입이 급증할 경우 일시적으로 관세를 인상할 수 있는 조항을 포함시키는 것이다.

명확성

최종안은 모호하지 않고 명확해야 한다. 당사자들이 협상 결과를 공유하고, 앞으로의 실행 계획을 세울 수 있도록 명확한 지침이 제시되어야 한다. 건설 프로젝트를 수행하는 발주처와 도급사간의 계약 협상에서 도급사의 작업 범위, 완료 기한, 품질 표준, 지불 조건 등이 명확하게 기술되어야 서로 만족스런 협상이 가능하다. 협상 이후에 발생할 수 있는 분쟁도 예방할 수 있다.

지속 가능성

최종안은 단기적인 해결책으로 끝나서는 안 된다. 장기적인 관점에서도 지속 가능해야 한다. 지속 가능한 최종안은 당사자들이 미래에도 좋은 관계를 유지할 수 있도록 도와준다. 어떤 도시에서 대중 교통 시스템 개선을 위한 협상이 진행된다고 가정하면? 지속 가능한 최종안을 도출하기 위해서는 장기적인 노선 계획, 예산 지원, 환경 친화적인 교통수단 도입 등을 고려하여 도시의 지속 가능한 발전과 미래 세대의 이익을 반영해야 한다.

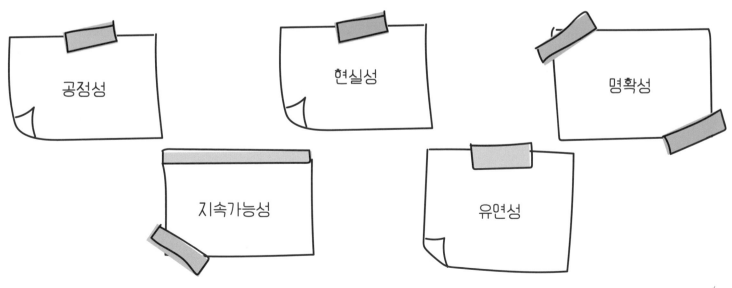

최종 협상 전에 상대의 선택지를 만들어야 하는 이유

상호 수용 가능성 증대

상대의 선택권을 고려하여 선택지를 제시하면, 상대방이 협상에 적극적으로 참여할 가능성이 높아진다. 예를 들어, 기업 A가 기업 B에게 제품을 공급하는 협상을 진행할 때, 단일 가격 제안 대신 장기 거래할인, 볼륨 기반 할인 등 다양한 가격 및 지불 옵션을 제시하는 경우가 대표적인 예다.

합의 속도 향상

상대의 선택권을 고려하여 선택지를 제시하면, 빠른 시간 내에 합의에 이를 수 있다. B2B 협상에서, 제조사가 다른 기업에 부품을 공급하는 상황에서, 배송 일정에 유연한 선택지를 제공하면, 구매자가 자신의 생산 일정에 맞춰 선택할 수 있으므로 합의에 보다 빠르게 다다를 수 있다.

구축된 신뢰 강화

상대의 선택권을 고려하여 선택지를 제시하면, 상대방은 자신들의 의견이 존중받는다 느낀다. 신뢰 증진으로 이어지는 요소다. 예를 들어, 소프트웨어 개발 회사와 클라이언트 간 협상에서, 개발사가 개발 방법론(예: Agile, Waterfall)에 대해 다양한 선택지를 제공하면, 이는 클라이언트가 프로젝트의 방향성에 대해 더 많은 선택권을 가질 수 있다는 느낌을 줄 수 있다.

결렬위험 감소

상대의 선택권을 고려하여 선택지를 제시하면, 협상 상대가 제안을 거절할 가능성을 줄일 수 있다. 예를 들어, 기업 A가 기업 B와 장기적인 서비스 계약에 대한 협상을 진행할 때, 기업 A가 계약 기간, 지불 조건, 서비스 수준 등 다양한 조건에 대한 선택지를 제공하면, 기업 B는 자신에게 가장 적합한 조건을 선택할 수 있어, 계약 체결을 거부할 가능성이 줄어든다.

상대방의 요구사항에 대한 이해 증진

상대의 선택권을 고려하여 선택지를 제시하는 과정을 통해 상대방의 요구사항을 더 잘 이해하게 된다. 이러한 이해는 다음 협상에서의 성공률을 높일 수 있다. 예를 들어, IT 컨설팅 기업이 클라이언트와 서비스 범위에 대해 협상할 때 다양한 서비스 패키지를 제안하면, 클라이언트의 반응을 통해 그들의 실제 필요성을 더 잘 이해하게 된다. 이는 이후의 협상 전략을 개선하는 데 도움이 된다.

AF 8. 최종안 도출

Agenda	1안	2안	3안
①			
②			
③			
④			
기타			

#선택권 #Contrast Effect #최종 합의
#Give & Take #결정 권한 #공정성
#유연성 #중간효과 #계약 체결

자기 결정성 이론(Self-determination theory, SDT)

자기 결정성 이론은 에드워드 데시(Edward Deci, 1942년~)와 리차드 라이언(Richard Ryan, 1953년~)에 의해 1970년대에 개발되었다. 인간 행동의 근본적인 원리를 이해하는 데 중요한 도구다.

이론에 따르면, 사람들의 행동은 내재적 동기와 외재적 동기에 의해 어떤 행위를 결정한다. 내재적 동기는 자신의 호기심, 취미, 관심사 등에서 비롯된다. 흥미나 즐거움을 느끼는 것에 의해 특정 행동을 선택하는 것을 의미한다. 이러한 동기는 행동이 그 자체로 보상이며, 보상이나 외부 압박이 없이도 스스로 행동하게 만드는 힘이 있다.

반면, 외재적 동기는 급여, 성적, 칭찬, 인정 등 외부적 요인에 의해 발생한다. 보상을 받거나 벌을 피하기 위해 특정 행동을 선택하는 것을 의미한다. 외재적 동기에 의해 행동하는 경우, 외부 요인이 없어지면 행동이 중단될 가능성이 크다.

이론은 자율성, 역량, 그리고 관계성이라는 세 가지 기본적인 심리적 요구가 개인의 동기에 어떻게 영향을 미치는지 소개한다. 이로 인해 우리는 동기와 행동에 영향을 미치는 요인을 더 잘 이해하고, 그 결과로 개인과 집단의 행동을 더 효과적으로 이해하고 안내할 수 있다.

3가지 선택지가 협상 결과에 미치는 영향

선택의 편리성 (Convenience of Choice)

너무 많은 선택지가 주어지면 사람들은 오히려 결정 장애를 겪는다. 과도한 선택지가 오히려 불확실성을 증가시켜 사람들이 선택을 포기하거나 비합리적인 결정을 내리게 만드는 거다. 세 가지의 심플한 선택지는 상대방에게 선택의 편의성을 제공한다. 더 쉽게 결정을 내릴 수 있게 돕는다. 상대방이 더 긍정적인 결정을 내릴 가능성을 높일 수 있다.

중간 효과 (Compromise Effect)

'중간 효과'는 극단적인 선택지보다 중간의 선택지를 선호하는 경향을 가리키는 심리학 용어다. 중간 효과는 협상 전략 설계에 있어서도 중요한 역할을 한다. 세 가지 선택지를 제시함으로써, 상대방이 중간의 선택지를 더욱 선호하게 만들 수 있고, 스스로가 합리적인 결정을 내린 것처럼 느끼게 하는 효과가 있다. 따라서 협상의 결과를 조절하는 데 효과적인 방법이 될 수 있다.

프레이밍 효과 (Framing Effect)

'프레이밍 효과'는 정보가 제시되는 방식이 그 정보의 해석과 인식에 영향을 미치는 심리학적 현상을 말한다. 같은 정보라도 어떻게 표현되는지에 따라 사람들의 반응이 크게 달라질 수 있다. 세 가지 선택지를 제공하면서 각 선택지를 특정한 방식으로 프레이밍하여, 상대방의 선택을 유도하거나 영향을 미칠 수 있다. 프레이밍을 활용하면, 우리가 원하는 결과를 이루기 위해 상대방의 선택을 조정하는 데 활용할 수 있다.

최종안 도출을 위한 질문

공정성
- 협상 결과가 모든 당사자의 이해관계와 요구를 적절히 반영하고 있는가?
- 협상 결과로 인해 누군가가 불합리한 손해를 보고 있지는 않는가?
- 협상의 성과가 공정한 기준에 따라 분배되었는가?

현실성
- 협상 결과를 실행하는 데 필요한 자원과 시간이 현실적으로 가능한 수준인가?
- 당사자들이 협상 결과를 실현할 수 있는 능력과 의지를 가지고 있는가?
- 협상 결과가 현실적인 범위 내에서 달성 가능한 목표를 설정하고 있는가?

유연성
- 만약 상황이 변한다면, 협상 결과를 조정하거나 적용할 수 있는가?
- 새로운 정보나 요구사항이 발생할 경우, 협상 결과를 재평가하고 수정할 수 있는가?
- 협상 결과가 다양한 시나리오와 상황에 적응할 수 있도록 설계되어 있는가?

명확성
- 협상 결과의 핵심 조건과 내용이 명확하게 정의되어 있는가?
- 당사자들이 협상 결과를 정확하게 이해하고, 이를 공유하는 데 문제가 없는가?
- 실행 계획이 명확하게 설정되어 있어 이후 혼동이 없는가?

지속 가능성
- 협상 결과가 장기적인 관점에서 지속 가능한가?
- 협상 결과가 당사자들 간의 관계와 협력을 유지하거나 개선할 수 있는가?
- 협상 결과가 미래 세대와 환경, 사회적 측면을 고려하였나?

협상 최적화Optimization

2011년 5월, 북미 프로미식축구(NFL) 구단주들과 선수노조는 일촉즉발의 상황이었다. 수익 분배를 둘러싼 두 진영의 치열한 갈등 때문이었다. 구단주들은 투자 자금으로 20억 달러를 선배정 받기를 원했다. 선수 노조는 경기를 통해 얻은 총 수익을 절반으로 나누는 것이 공정하다고 주장했다. 구단주들은 선수들의 요구가 과도하다 여겼고, 선수 노조는 구단주들이 자신들의 노력과 헌신을 과소평가한다고 생각했다. 접점 없는 평행선. 물론 양측 모두 결렬을 원하는 건 아니었다. 협상 결렬 시 추정 손실은 무려 100억 달러에 이를 전망이었다. 모두가 패자가 되는 그림이다.

이처럼 한 가지 안건을 두고 양측이 팽팽하게 대립되는 협상은 합의가 어려울 수 밖에 없다. 협상 결과가 승자와 패자로 나뉘는 제로섬 게임(zero-sum game)이라서다. 이를 해결하기 위해서는 협상 상황을 비제로섬 게임(non zero-sum game)으로 바꾸어야 한다. 중재자들은 이를 이해하고, 두 진영 사이의 간극을 좁혀 나가는 방법을 찾아 나섰다.

마침내 두 진영을 모두 만족시킨 아이디어가 나왔다. 단순히 수익을 몇 대 몇으로 나누는 게 아니었다. 중계방송 수익, 자회사 운영수익, 로컬수익으로 수익의 종류를 세분화했다. 그리고 선수 노조 측에 선택권을 제안했다. 더 중요한 항목에 대해 우선권을 주는 방식이었다. 선수 노조는 자신들의 영향력이 큰 중계방송 수익의 55%를 받는 대신 자회사 운영수익과 로컬수익을 각각 45%와 40%만 받기로 했다. 시뮬레이션 결과, 선수들에게 돌아가는 수익은 대략 47%~48% 정도였다.

결과만 놓고 보면 당초 절반씩 나누자던 선수 노조측의 목표에는 못 미치는 협상이다. 그럼에도 이 방식이 교착상태를 극복하고 합의를 이끌게 된 이유는 다음과 같다.

첫째, 제로섬 게임의 틀에서 벗어나 비제로섬 게임으로 전환했다. 단순히 수익을 어떻게 배분하는지가 아니라, 어떤 수익원을 얼마나 가져가는지를 논의하면서 양측 모두에게 협상의 여지를 제공했다.

둘째, 선수 노조는 자신들의 영향력이 가장 큰 중계방송 수익에서 더 많은 비율을 얻게 됨으로써, 자신들의 노력과 헌신이 정당하게 보상받는다고 느꼈다. 또한, 전체적인 수익이 절반 가까이 유지됨으로써 선수 노조가 원했던 목표를 일정 부분 달성할 수 있었다.

셋째, 협상의 과정 자체가 상호 신뢰를 형성하는 데 도움이 되었다. 승자와 패자가 명확하게 나뉘지 않는 상황에서 양측은 더 큰 공동의 이익을 찾기 위해 더욱 적극적으로 협상에 임했다.

이로써 양측은 새로운 10년 협약을 맺었다. 신인 선수의 연봉 캡이 도입되었으며, 선수들의 의료 혜택이 개선되는 등 원만한 합의가 이루어졌다.

AF 8. 최종안 도출

구분	중계방송수익	자회사운영수익	로컬수익	신인 연봉 캡	의료혜택
1안	50%	45%	47%	700만 달러	Basic
2안	55%	40%	45%	800만 달러	Standard
3안	52%	47%	40%	900만 달러	Premium

협상에서 가장 강력한 도구는
상대방이 스스로의 선택을 존중 받도록 만드는 것이다.

- 윌리엄 유리(William Ury) -

4

Mind set   Preparation   Optimization   **Case study**

**8-Block
Negotiation Model**

CASE STUDY

마라타 내부정보

*마라타(Mahratha)는 협상 시뮬레이션을 위해 만든 가상의 국가입니다.

마라타(Mahratha)는 서남아시아 북서부 지역에 위치한 개발도상국이다. 면적 200만㎢(세계 10위), 인구 7억(세계 5위)의 대국이다. 하지만 규모와는 달리 세계 제2차 대전 이후 무려 30년이나 유럽 강대국들의 지배를 받았고, 독립 이후 줄곧 정치적 불안정 등으로 2000년대 초까지 경제적으로 매우 낙후된 국가였다. 2000년대 중반 강력한 리더십의 그라지아 마르첼 대통령이 등장하면서 정치적 안정을 꾀하게 되었고, 곧이어 경제 성장의 거센 바람이 불기 시작했다. 풍부한 자원과 노동력을 갖춘 마라타는 제조업을 기반으로 빠르게 성장하면서 IT산업으로 확장, 현재 5년 연속 경제성장률 10%대를 기록하고 있다.

마라타 정부는 내실 있는 국가 발전을 위해 금년 화두를 '자주국방'으로 정했다. 과거 아픔을 거울삼아 국가안보에 총력을 기울이기로 결정하고 다양한 정책을 내놓았다. 그중 하나로 오래된 미그-286 전투기 100여 대를 차세대 모델로 교체하고 최신 무기체계를 갖춰 공군력을 강화하자는 데 국민적 합의가 이루어졌다. 이른바 'M5 전투기 프로젝트'로 마라타 정부는 1여 년에 걸쳐 세계 각국의 전투기 모델을 검토하고, 우선 차세대 전투기 제조사들에게 100대에 대한 입찰 견적을 요청했다. 그 결과 3가지 모델 및 제조사를 우선협상 대상자로 선정했다.

마라타 정부는 내부적으로 카잉의 K-38 모델에 관심을 두고 있다. 최근 발표된 뉴욕 타임즈에 기사에 따르면 K-38 모델은 빠른 스피드와 스마트 기술을 활용한 정교한 조정으로 세계 국방 관계자들의 주목을 받고 있는 전투기다. 미티어(METEOR) 공대공미사일과 스칼프(SCALP) 공대지미사일 등 최신 무기가 탑재되어 있고, 사거리 개선을 통해 세계 최고 수준인 500㎞ 목표물까지 요격이 가능하다. 게다가 공중 급유 혁신을 통해 현존 전투기 중 최장 시간 비행이 가능해 상당수 국가에서 관심을 보이는 것으로 알려졌다. 다만, 최신 개발 모델로 안전성 검증에 대한 데이터가 부족한 점이 한계로 꼽힌다.

마라타 정부는 적대국과의 거리 즉, 적대국의 레이더망을 벗어나 작전을 펼치려면 미사일 사거리 400km 이상의 전투기가 필요하다. 또한, 적대국이 지난 해 도입한 RH-537 역시 K-38에 버금가는 모델이다. 따라서 안정적 방어 및 공중 전략 우위를 확보하기 위해 K-38 모델이 최선이다. 무엇보다 전력 불균형이 국가 경제에 미치는 영향을 감안할 때 K-38 도입이 시급하다는 공감대가 국방전문가들 사이에 형성됐다.

이에, 마라타 정부는 내부 논의를 거쳐 다음과 같은 가이드라인을 수립했다.

첫째, 전투기 금액은 하브(Habb)사의 H-24 수준까지 최대한 낮춘다. 우선 매매 대금(계약금)은 돌발 변수를 고려해 최소한으로 합의하며 총금액의 15%를 넘지 않도록 한다. 이번 프로젝트 전체 예산은 150억 달러다.

둘째, 마라타는 이번 프로젝트를 계기로 국가 방위산업 확충을 모색한다. 전투기 생산의 일부 혹은 전부를 마라타 현지에서 제조, 생산하도록 유도하고, 또 한편 자국의 항공기 부품 제조기업의 수출 확대를 지원한다. 무엇보다 국방 연구 산업을 발전시키고, 나아가 마라타 측 인력 고용을 통해 가능하면 기술이전까지 얻어내도록 총력을 기울일 계획이다.

끝으로, 전투기 인도 시한은 계약일로부터 3년 이내로 확정하고, 계약 불이행에 따른 페널티 보증을 명확히 한다.

마라타 협상팀은 군수사령관, 민간국방전문가, 정부관계자로 구성되어 있으며, 최종 결정은 국방부 장관이 하나 국회 비준을 거쳐야 한다. 현재까지 진행 상황은 마라타 정부가 프럴린 국가의 카잉을 우선 협상 대상자로 선정한 상태다. 둘은 첫 번째 협상 테이블을 앞두고 있다. 내달 5일 카잉 관계자가 마라타로 방문하여 구체적인 협상을 진행할 계획이다.

제조사	모델명	입찰 가격	특징	도입 국가
러쏘 (Russo)	R-15	1억 달러	보급형 전투기, 가격메리트, 안전성 검증	배트남 외 개발도상국
하브 (Habb)	H-24	1억 3천만 달러	최다 도입 모델, 사거리 300 km	호주, 일본 외
카잉 (Kaying)	K-38	1억 6천만 달러	현존 최신 모델, 사거리 500km, 공중 급유 혁신	프랑스, 중국 외

실전 사례 연구 Case study

카잉 내부정보

*카잉(Kaying international co., Ltd)은 협상 시뮬레이션을 위해 만든 가상의 기업입니다.

카잉(Kaying international co., Ltd)은 세계 3대 항공기 제조사다. 서유럽 국가 프럴린에 위치하고 있으며, 미국의 하브(Habb), 러시아의 러쏘(Russo)에 이어 세 번째로 큰 전투기 제조 및 수출 기업이다. 카잉은 5년 여 전부터 국가적 지원에 힘입어 차세대 전투기 개발에 힘을 쏟고 있다. 그리고 지난해 현존 최신 모델인 K-38 개발에 성공하였고, 이를 토대로 러쏘를 제치고 세계 전투기 시장의 주도권을 차지할 목표를 가지고 있다. 다음은 뉴욕 타임즈 국방전문 기자의 K-38 전투기에 대한 평가다.

> 이번에 개발된 K-38 전투기는 빠른 스피드와 스마트 기술을 활용한 정교한 조정으로 세계 국방 관계자들의 주목을 받고 있다. 미티어(METEOR) 공대공미사일과 스칼프(SCALP) 공대지미사일 등 최신 무기가 탑재되어 있고, 사거리 개선을 통해 세계 최고 수준인 500㎞ 목표물까지 요격이 가능하다. 무엇보다 공중 급유 혁신을 통해 현존 전투기 중 최장 시장 비행이 가능해 상당수 국가에서 관심을 보이는 것으로 알려졌다. 다만, 최신 모델로 안전성 검증에 대한 데이터가 부족한 점이 한계로 꼽힌다.
>
> – 뉴욕타임즈

지난 달 카잉에 큰 제안이 들어왔다. 인구 규모가 세계 5위이고, 최근 빠른 성장을 보이고 있는 서남아시아의 마라타 국방부로부터 K-38 모델 100대에 대한 입찰 견적을 요청 받았다. 이에 카잉 경영진은 여러 차례 전략 회의를 거듭한 끝에 입찰 가격을 한 대당 1억 6천만 달러로 제시했다. K-38의 제조 원가(인적, 물적 모든 경비 포함)는 약 1억 2천만 달러다.

카잉은 이번 프로젝트에 회사의 사활을 걸었다. 우선 프럴린 정부에 보고해 생산 공장 증설 부지 등 국가적 지원을 요청했고, 긍정적 답변을 받아냈다. 그리고 정부 관계자를 포함해 이른바 'K-38 프로젝트 TFT'를 구성하고 마라타와의 협상에 만반의 준비를 하고 있다. 며칠 후 마라타로부터 우선협상대상자로 선정되었다는 통보를 받았으며, 다음달 5일 마라타에서 첫 협상 테이블을 갖기로 일정을 잡았다.

'K-38 프로젝트 TFT'는 수차례 전략 회의 끝에 이번 협상과 관련해 다음과 같은 계획과 목표를 수립했다.

첫째, 반드시 이번 협상을 성사시켜야 한다. 이번 프로젝트는 K-38 전투기 100대를 마라타로 수출하는 것 이상의 의미가 있다. 지난해 프랑스와 중국 등 몇몇 국가로 수출하긴 했지만 시험용이다.

이번 계약은 K-38 전투기를 국제적으로 검증 받을 절호의 찬스로, 세계 시장으로 뻗어 나갈 교두보 역할을 할 것이다. 하지만 가격, 계약금 비율 및 부대조건에서 불리한 협상을 할 경우 좋지 못한 선례를 남길 수 있다. 지난 5년간 카잉의 전투기 수출 평균 영업이익률은 17%다. 전투기 수출입 계약에 있어서 계약금은 20%, 인도 기한은 3년 내외로 정하는 것이 일반적이다.

둘째, 카잉은 장기적으로 세계 전투기 시장 점유율 1위를 목표로 하고 있다. 따라서 국내외 전투기 개발 R&D에 지속적으로 투자하고 있으며, 이번 프로젝트를 성사시킬 경우 일정 금액을 재투자할 계획이다.

셋째, 카잉은 전투기 수출 계약에 있어 수입국 현지 생산 조건은 매우 신중한 입장이다. 10여 년 전 sobia국에 전투기 수출 당시 현지 생산 조건을 받아들인 바 있으나, 그 과정에서 치명적인 기술유출이 발생해 막대한 손실을 입은 바 있다.

한편, 카잉의 신뢰할 만한 정보통에 따르면 현재 마라타 정부는 K-38 이외에도

러쏘(Russo)의 R-15와 하브(Habb)의 H-24를 염두에 두고 있다. 하지만 마라타와 대치중인 주변국과의 거리, 양국의 전력 차이 등을 감안할 때 마라타 정부로서는 우리 K-38 도입이 필수라고 자신한다.

R-15는 저렴한 가격의 보급형 전투기로 공대지 미사일 장착이 불가능하다. H-24는 공대공, 공대지 미사일 모두 장착이 가능해 보편적으로 많이 보유하고 있는 모델이긴 하나, 미사일 사거리가 최대 300km에 그치며, 스마트 기술 및 공중 급유 기능이 한계로 꼽힌다.

마라타 8-Block 모델

Block 1. 현황 분석

상대방 분석	이해관계자 분석
• 카잉(Kaying)社 • 사거리 최대 500km • 현존 최신 전투기 K-38	• 프럴린 정부 관계자 • 카잉 경영진 • 카잉의 고객
기회요인 분석	**위협요인 분석**
• 안보 및 방위산업 확충 • 고용창출 및 경제발전 • 안정성 검증 기회 제공	• 독보적 기술의 최신 모델 • 대체재 부재 • 높은 가격

카잉의 K-38 모델은 현존하는 최신 기술의 전투기이다. 특히, 미사일 사거리 400km 이상 가능한 전투기는 K-38이 유일하다. 마라타는 K-38 전투기 도입이 반드시 필요한 상황이다.

Block 2. 목표 설정

우선순위	협상 안건	최종목표
①	현지생산	필수 요건
②	가격	1.40 억 달러
③	수량	110대
④	기술이전	최대한 유도
⑤	계약금	15%
기타	인도기한	3년

이번 협상의 최우선 안건은 현지생산이다. 표면적으로는 전투기 가격이 중요한 것으로 비춰질 수 있으나, 현지생산 문제를 잘 해결할 수 있다면 가격, 계약금 등 다른 안건은 비교적 수용 가능하다.

카잉 8-Block 모델

Block 1. 현황 분석

상대방 분석	이해관계자 분석
• 마라타 국방부 • 서남아시아 신흥국 • 최신 사양의 전투기	• 마라타 정부 관계자 • 군사 관련 기관 및 인사 • 국회 또는 국민 대표 단체
기회요인 분석	**위협요인 분석**
• 장기적 매출과 수익 증대 • 글로벌 레퍼런스 확보 • 국제적 신뢰와 인정	• 최신 모델로 가격 경쟁력 약함 • 신기술에 따른 안정성 미흡 • 기술 유출 우려

마라타는 잠재력이 매우 큰 신흥국이다. 카잉은 이번 협상을 통해 K-38 전투기를 국제적으로 검증 받을 절호의 기회로 여긴다. 마라타와의 협상은 세계 시장으로 진출할 교두보 역할을 할 것이다.

Block 2. 목표 설정

우선순위	협상 안건	최종목표
①	가격	1.45 억 달러
②	수량	100대 이상
③	기술보안	중요 기술
④	계약금	20 %
⑤	인도기한	3년
기타	R&D 투자	이익 * 10%

카잉은 이번 협상을 반드시 타결해야 한다. 그러나 안 좋은 선례를 남기는 것을 우려한다. 가격이 중요한 협상 안건이지만, 장기적인 관점을 고려해 합리적인 목표를 수립해야 한다.

마라타 8-Block 모델

Block 3. ZOPA 설정

구분	D. 희망가격	T. 목표가격	W. 결렬가격
가격	1.30억 달러	1.40억 달러	1.50억 달러
근거	1. 경쟁 모델 견적 오픈 2. 신기술 안전성 리스크	1. 경쟁모델 + 신기술 P 2. 수량 증량	1. 도입의 시급성 2. 예산 범위내

경쟁 모델인 하브(Habb)의 H24 가격을 협상의 출발점으로 삼는다. 예산 150억 달러를 넘어서는 협상은 결렬이 불가피하다.

Block 4. BATNA 검토

구분	우리	상대방
BATNA	일부 수량 도입 경쟁모델 도입	신규 판로 개척

가격 등 조건이 맞지 않아 협상이 결렬될 경우, 마라타는 일부 수량 도입을 우선 검토할 수 있다. 마라타의 경쟁모델 도입과 카잉의 신규 판로 개척은 현재 시점에서 좋은 BATNA는 아니다.

비즈니스 협상 모델의 탄생 에잇 블록 협상 모델

카잉 8-Block 모델

Block 3. ZOPA 설정

구분	D. 희망가격	T. 목표가격	W. 결렬가격
가격	1.52억 달러	1.45억 달러	1.40억 달러
근거	1. 세계 최신 기술 강조 2. 입찰가 1.6억 * -5%	평균 영업이익 17%	1. 반드시 체결 要 2. 저가 판매 우려 3. 영업이익 14% 결정

최고가에서 협상을 시작하면 충돌을 야기한다. 공급자는 협상을 시작할 때 타결 의지를 보여줄 필요가 있다. 입찰 가격인 1.6억 달러에서 5% 인하된 가격을 협상의 출발점으로 제시한다. 최소 영업이익률을 결정해 결렬가격을 정한다.

Block 4. BATNA 검토

구분	우리	상대방
BATNA	신규 판로 개척 일부 수량 판매	일부 수량 도입 경쟁 모델 도입

카잉은 협상이 결렬 될 경우, 다른 국가로 전투기 수출을 검토해야 한다. 아직 확정된 내용이 아니므로, 불확실성이 큰 BATNA다. 마라타는 경쟁 모델을 비교 검토하고 있다. 카잉의 BATNA가 좋지 못하므로, 다소 유연한 전략을 준비해야 한다.

마라타 8-Block 모델

Block 5. 욕구 탐색

Position	Interest
세계 최신 기술	판매 레퍼런스 확보 + 가격 경쟁력
안전성 내부 검증 충분	
현지 생산 불가	중요 기술 유출 우려
기술이전 불가	

세계 최신 기술이라는 점을 강조해 가격 경쟁력을 확보하려는 의도로 보인다. 마라타가 제안한 현지생산과 기술이전에 매우 부정적이다. 이유는 무엇일까?

Block 6. 창조적 대안 도출

구분	우리	상대방
Core Agenda	현지생산	
Position	현지 생산 요구	현지 생산 불가
Interest	국방산업육성, 고용창출, 경제성장	기술유출 우려
Creative Option	• 중요기술 제외 현지생산 ex) 부품기술, 조립기술 • Main 엔지니어 파견, 단순 노무인력 마라타 투입 • 조건부 기술 이전 ex) 3년 ~ 10년	

마라타가 현지 생산을 요구하는 이유는 고용창출, 국방산업육성, 경제성장이다. 카잉이 현지생산에 부정적인 이유는 무엇일까? 양측이 모두 수용할 수 있는 협상안에는 어떤 것들이 있을까?

카잉 8-Block 모델

Block 5. 욕구 탐색

Position	Interest
가격이 높음	가격 비교 우위
안정성 문제 우려	
현지 생산 요구	국방산업육성 고용창출 경제성장
기술이전 요구	

최신 기술로 안전성 데이터가 부족한 건 당연한 사실이다. 데이터가 부족하다고 안전성에 문제가 있는 건 아니다. 가격 협상을 위한 position일 뿐이다. 현지생산을 강하게 요구하는 이유는 무엇일까?

Block 6. 창조적 대안 도출

구분	우리	상대방
Core Agenda	현지생산	
Position	현지생산 불가	현지 생산 요구
Interest	기술유출 우려	국방산업육성, 고용창출, 경제성장
Creative Option	• 중요기술 제외 현지생산 ex) 부품기술, 조립기술 • Main 엔지니어 파견, 단순 노무인력 마라타 투입 • 조건부 기술 이전 ex) 3년 ~ 10년	

카잉은 현지생산으로 치명적인 기술유출의 경험이 있다. 따라서 현지생산 조건은 부정적이다. 마라타가 현지생산 조건을 강하게 요구하는 이유는 무엇일까? 양측이 모두 수용할 수 있는 협상안에는 어떤 것들이 있을까?

마라타 8-Block 모델

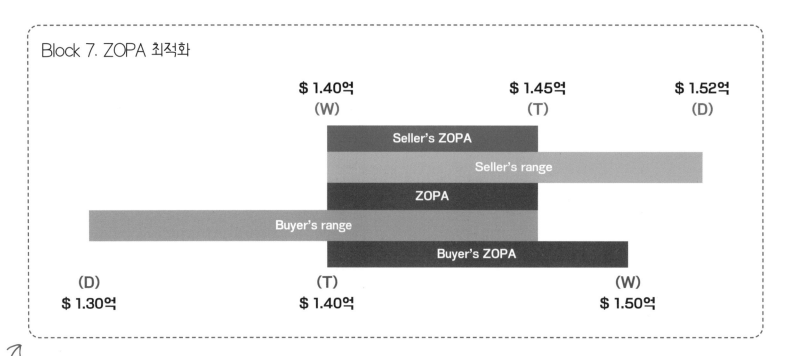

Block 7. ZOPA 최적화

$ 1.40억 (W) $ 1.45억 (T) $ 1.52억 (D)

Seller's ZOPA

Seller's range

ZOPA

Buyer's range

Buyer's ZOPA

(D)   (T)   (W)
$ 1.30억 $ 1.40억 $ 1.50억

카잉이 1차 협상에서 제시한 가격은 1.52억 달러다. 2차 협상을 마친 현재 1.4억 달러 중반까지 협의되었다. 입찰가격인 1.6억달러에서 10% 인하된 1.45억 달러를 목표가격으로, 약 13% 인하된 1.4억 달러를 결렬가격으로 정을 것으로 추정된다. 양측의 ZOPA는 1.4억 달러에서 1.45억 달러로 분석된다.

카잉 8-Block 모델

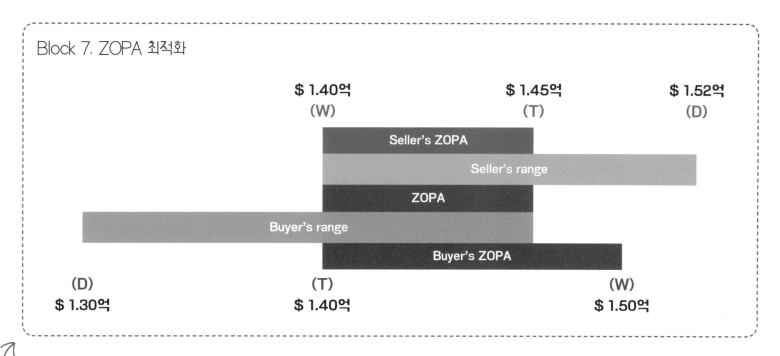

Block 7. ZOPA 최적화

$ 1.40억
(W)

$ 1.45억
(T)

$ 1.52억
(D)

Seller's ZOPA

Seller's range

ZOPA

Buyer's range

Buyer's ZOPA

(D)
$ 1.30억

(T)
$ 1.40억

(W)
$ 1.50억

마라타가 1차 협상에서 전략적으로 요구한 가격은 1.3억 달러다. 스펙 차이가 큰 경쟁 모델에서 제시한 가격인만큼, 1.4억 달러대는 고려하고 있을 것으로 추정된다. 협상 진행 과정을 미루어 보아, 1.5억 달러를 넘는 것은 어려워 보여 결렬가격으로 분석할 수 있다. 양측의 ZOPA는 1.4억 달러에서 1.45억 달러로 분석된다.

마라타 8-Block 모델

Block 8. 최종안 도출

Agenda	1안	2안	3안
가격	1.40억 달러	1.42억 달러	1.50억 달러
수량	110대	105대	100대
계약금	20%	15%	10%
현지생산	80%	60%	40%
기타	현지 생산 토지 및 공장 건설 지원 + 세제혜택 장기적 기술 세부 내역 이전 계획 논의 전투기 개발 R&D 공동 투자 계획 논의		

예산 150억 달러 내에서 가능한 많은 수량의 전투기를 구입하고자 한다. 가격 양보를 얻어낸다면 수량을 늘릴 수 있다. 현재까지 나온 Agenda 중 합의된 내용과 추가 논의해야 할 내용을 구분한다. 이를 토대로 Agenda를 세분화하여 서로 주고받을 3가지 협상안을 구성한다.

카잉 8-Block 모델

Block 8. 최종안 도출

Agenda	1안	2안	3안
가격	100대	105대	110대
수량	1.50억 달러	1.42억 달러	1.40억 달러
계약금	20%	15%	10%
현지생산	40%	60%	80%
기타	현지생산 조건 시 중요기술 보안 방안 마련 要 토지 및 공장 건설에 대한 지원 + 세제혜택 전투기 개발 R&D 공동 투자 계획 논의		

전투기 수량을 늘리거나 계약금 비율을 높일 수 있다면 가격을 추가 검토할 수 있다. 현재까지 나온 Agenda 중 합의된 내용과 추가 논의해야 할 내용을 구분한다. 이를 토대로 Agenda를 세분화하여 서로 주고받을 3가지 협상안을 구성한다.

마라타 N8M 협상 캔버스

Block 1. 현황 분석

상대방 분석	이해관계자 분석
• 카잉(Kaying)社 • 사거리 최대 500km • 현존 최신 전투기 K-38	• 프릴린 정부 관계자 • 카잉 경영진 • 카잉의 고객

기회요인 분석	위협요인 분석
• 안보 및 방위산업 확충 • 고용창출 및 경제발전 • 안정성 검증 기회 제공	• 독보적 기술의 최신 모델 • 대체재 부재 • 높은 가격

Block 2. 목표 설정

우선순위	협상 안건	최종목표
①	현지생산	필수 요건
②	가격	1.40 억 달러
③	수량	110대
④	기술이전	최대한 유도
⑤	계약금	15%
기타	인도기한	3년

Block 3. ZOPA 설정

구분	D. 희망가격	T. 목표가격	W. 결렬가격
가격	1.30억 달러	1.40억 달러	1.50억 달러
근거	1. 경쟁 모델 견적 오픈 2. 신기술 안전성 리스크	1. 경쟁모델 + 신기술 P 2. 수량 증량	1. 도입의 시급성 2. 예산 범위내

Block 4. BATNA 검토

구분	세부내용
우리	일부 수량 도입 경쟁모델 도입
상대방	신규 판로 개척

Block 5. 욕구 탐색

Position	Interest
세계 최신 기술	판매 레퍼런스 확보 + 가격 경쟁력
안전성 내부 검증 충분	
현지 생산 불가	중요 기술 유출 우려
기술이전 불가	

Block 6. 창조적 대안 도출

구분	우리	상대방
Core Agenda	현지생산	
Position	현지 생산 요구	현지 생산 불가
Interest	국방산업육성, 고용창출, 경제성장	기술유출 우려
Creative Option	• 중요기술 제외 현지생산 ex) 부품기술, 조립기술 • Main 엔지니어 파견, 단순 노무인력 마라타 투입 • 조건부 기술 이전 ex) 3년 ~ 10년	

Block 7. ZOPA 최적화

Block 8. 최종안 도출

Agenda	1안	2안	3안
가격	1.40억 달러	1.42억 달러	1.50억 달러
수량	110대	105대	100대
계약금	20%	15%	10%
현지생산	80%	60%	40%
기타	현지 생산 토지 및 공장 건설 지원 + 세제혜택 장기적 기술 세부 내역 이전 계획 논의 전투기 개발 R&D 공동 투자 계획 논의		

비즈니스 협상 모델의 탄생 **에잇 블록 협상 모델**

카잉 N8M 협상 캔버스

Block 1. 현황 분석

상대방 분석	이해관계자 분석
• 마라타 국방부 • 서남아시아 신흥국 • 최신 사양의 전투기	• 마라타 정부 관계자 • 군사 관련 기관 및 인사 • 국회 또는 국민 대표 단체

기회요인 분석	위험요인 분석
• 장기적 매출과 수익 증대 • 글로벌 레퍼런스 확보 • 국제적 신뢰와 인정	• 최신 모델로 가격 경쟁력 약함 • 신기술에 따른 안정성 미흡 • 기술 유출 우려

Block 2. 목표 설정

우선순위	협상 안건	최종목표
①	가격	1.45 억 달러
②	수량	100대 이상
③	기술보안	중요 기술
④	계약금	20 %
⑤	인도기한	3년
기타	R&D 투자	이익 * 10%

Block 3. ZOPA 설정

구분	D. 희망가격	T. 목표가격	W. 결렬가격
가격	1.52 달러	1.45 달러	1.40억 달러
근거	1. 세계 최신 기술 강조 2. 입찰가 1.6억 * -5%	평균 영업이익 17%	1. 반드시 체결 要 2. 저가 판매 우려 3. 영업이익 14% 결정

Block 4. BATNA 검토

구분	세부내용
우리	신규 판로 개척 일부 수량 판매
상대방	일부 수량 도입 경쟁 모델 도입

Block 5. 욕구 탐색

Position	Interest
가격이 높음	가격 비교 우위
안정성 문제 우려	
현지 생산 요구	국방산업육성 고용창출 경제성장
기술이전 요구	

Block 6. 창조적 대안 도출

구분	우리	상대방
Core Agenda	현지생산	
Position	현지생산 불가	현지 생산 요구
Interest	기술유출 우려	국방산업육성, 고용창출, 경제성장
Creative Option	• 중요기술 제외 현지생산 ex) 부품기술, 조립기술 • Main 엔지니어 파견, 단순 노무인력 마라타 투입 • 조건부 기술 이전 ex) 3년 ~ 10년	

Block 7. ZOPA 최적화

$ 1.40억 (W) $ 1.45억 (T) $ 1.52억 (D)

Seller's ZOPA
Seller's range
ZOPA
Buyer's range
Buyer's ZOPA

(D) $ 1.30억   (T) $ 1.40억   (W) $ 1.50억

Block 8. 최종안 도출

Agenda	1안	2안	3안
가격	100대	105대	110대
수량	1.50억 달러	1.42억 달러	1.40억 달러
계약금	20%	15%	10%
현지생산	40%	60%	80%
기타	현지생산 조건 시 중요기술 보안 방안 마련 要 토지 및 공장 건설에 대한 지원 + 세제혜택 전투기 개발 R&D 공동 투자 계획 논의		

아이마켓 내부정보

*아이마켓은 협상 시뮬레이션을 위해 만든 가상의 기업입니다.

> e커머스 시장 전쟁, 소셜 커머스로 확전되나?
> 네이버 스마트스토어 '제로 수수료'... e커머스 '쩐의 전쟁' 격화
> 쿠팡vs신세계vs네이버, 물류센터가 e커머스 성패 가른다
> 야성 깨어난 롯데, 신세계... "이제부터 e커머스 본게임"
> 카카오, '쇼핑의 모든 것' 제공하는 '커머스 포털'로 진화

e커머스는 매년 두 자릿수 성장을 하고 있다. 시장이 빠르게 성장하는 만큼 경쟁도 치열하다. 그야말로 '전쟁'이다. 초특가와 빠른 배송은 기본이다. 참여 브랜드들은 연일 새로운 초저가 상품을 내놓고, 최대한 빨리 배달한다. 지난해 기준 미국은 아마존이 온라인 쇼핑 시장의 50%를, 중국은 알리바바가 58%를 장악했다. 국내 e커머스 시장도 빠르게 변화되고 있다. 이마트의 이베이코리아 인수 이후 한국은 네이버, 쿠팡, 이마트(SSG닷컴+이베이) 등 3개 업체가 시장점유율 46%를 차지하고 있다.

국내 대표 e커머스 플랫폼 아이마켓(imarket.com)은 올해 1분기 매출이 전년 대비 소폭 상승하며 성장 기조를 이어갔다. 금년에도 두 자릿수 거래액 성장과 함께 손익분기점(BEP) 수준의 영업 손익을 달성할 것으로 예상한다. 국내외 사업자와의 제휴 확대, 실시간 소통 기반 라이브 커머스 강화, 당일 배송 등 배송서비스 품질 제고, 판매대금에 대한 빠른 정산 지속, 판매자와 상생협력과 선순환 효과 강조 등을 계속해서 추진해 나간다는 계획이다.

국내 이커머스 시장 성장추이

단위: 원 *2022년 이후는 전망치

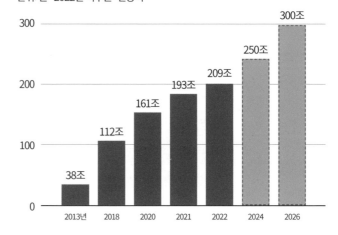

'e커머스 시장의 꽃은 상품기획자(MD)'라는 말이 있다. MD의 능력이 곧 매출로 직결되기 때문이다. 수천 개의 파트너를 관리하며 상품기획, 각종 이벤트 진행, 최저가 경쟁 등 전반적인 판매 전략을 세운다. 최상위 성과자들에게 지급되는 인센티브는 최고 천만 원에 이르기도 한다. MD의 역량이 플랫폼의 경쟁력이기 때문이다.

현재 기획 중인 상품은 피오레(fiore)의 '아이린 에센셜 스킨케이 컬렉션'이다. 한때 인기상품이었으나, 최근 들어 판매가 저조한 모델이다. 품질은 좋으나 타 상품 대비 가격 할인 폭이 적다는 평가가 많았다. 온라인 시장 특성상 뭐니 뭐니 해도 가격이 최우선이다. 상품 구성 대비 가능한 한 최저가격으로 기획하는 게 MD의 역할이고 책임이다. 지난 달 피오레측과 미팅한 결과 현재까지 논의된 내용은 다음과 같다.

이번 기획은 특별한 의미가 있다. 협의가 잘 된다면 아이마켓 단독 선출시 이벤트로, 일주일 간 기대 판매 수량은 최소 3천개다. 더구나 피오레는 e커머스 시장에서 '핫'한 파트너다. 지난해부터 사업구조를 온라인으로 대전환했기 때문이다. 아이린, 메비올, 뷰뷰끄 등 베스트셀러 상품이 즐비하다. 우리로선 놓쳐서는 안 될 파트너다.

하지만 넘어야 할 산도 많다. MD 경험상 이슈를 이끌기 위해선 10% 정도 추가 할인이 필요하다. 6만원대로 내려오면 경쟁력이 있다. 가격 외에 구성품 추가, 선물포장 등도 최근 관심을 끄는 옵션이다. 무엇보다 흥행을 위해선 광고가 불가피하다. 현재 회사에서 추천하는 상품은 LMC패키지다. 라이브광고와 메인 광고 각 1회 그리고 검색광고를 포함하는 것으로 2천만 원이다. 뷰티 카테고리의 판매수수료는 평균 12%로, 피오레는 10%의 판매수수료 약정이 되어 있다.

아이린 에센셜 스킨케어 컬렉션

1. 가격 : 74,800원 (88,000원, 15%↓)
2. 구성 ① 에센셜 워터 150ml
       ② 에센셜 에멀전 120ml
       ③ 에센셜 워터 30ml
       ④ 에센셜 에멀전 30ml
       ⑤ 히아루로닉 마스크 2매
3. 기타 : 무료배송

피오레 내부정보

*피오레는 협상 시뮬레이션을 위해 만든 가상의 기업입니다.

> 피오레는 '변신' 중 ··· '오프라인' 줄이고 '온라인' 확대
> e커머스 날개단 피오레, 'K뷰티' 신화 다시 쓴다
> "아이린 등 80% 할인" 피오레×네이버 '슈퍼 뷰티 위크' 개최
> 오프라인 실적 부진 직격탄 ... 디지털 전환 체질 개선 '사활'

국내 대표 화장품 기업 피오레(fiore)는 디지털 전환을 목표로 체질 개선작업에 박차를 가하고 있다. 기존 오프라인 매장 출점 전략을 수정하고, e커머스 판매 채널 강화에 온 힘을 쏟고 있다. 금년에는 코로나19로 인한 실적 부진을 극복하고, 매출 2조6000억원, 영업이익 1800억원을 목표로 세웠다. 이를 위해 전체 마케팅 재원의 절반 이상을 디지털 사업에 투자하는 등 구매 전환율이 높은 e커머스에 집중해 사업 효율을 높이겠다는 구상이다. 동시에 e커머스 분야에서만 30% 이상의 매출 성장도 중요한 목표 중 하나다.

때문에 e커머스 영업직원들의 역할에 관심을 쏟고 있다. 브랜드별 상품 개발과 입점 및 판매 조건 협의, 매출 활성화를 위한 이벤트 및 각종 프로모션 협의 그리고 고객 데이터를 함께 분석하고 공동 마케팅을 추진하는 등 전략적 파트너십 관계를 유지 발전하는 게 주된 역할이다. 온라인 플랫폼의 구조를 이해하고 e커머스 회사의 MD들과의 원만한 커뮤니케이션 및 협상능력이 관건이다. 영업직원들은 할인율 조정, 비인기 브랜드 입점 등의 어려움이 있다.

현재 우리 팀의 주된 관심사는 금년 FW 상품으로 출시할 '아이린 에센셜 스킨케어 컬렉션'이다. 이번 제품은 럭셔리 브랜드 아이린의 대표 인기상품이었으나, 최근 들어 주춤한 모습을 보이고 있다. 때문에 구성 및 가격 경쟁력을 앞세워 올 가을 재히트를 기대한다는 취지로 기획했다.

내부적으로 초기에는 하나의 플랫폼을 선정해 선출시 방식으로 진행하자는 의견이 모아졌다. 지난달부터 아이마켓, 쿠팡, G마켓, 11번가 MD와 한 차례씩 미팅을 가졌는데, 판매조건과 이벤트 계획 등 플랫폼 측 의지를 감안할 때 아이마켓에 단독으로 출시하는 것으로 가닥이 잡히고 있다. 오는 20일 아이마켓 MD와 만나 추가적 협의를 마친 후 최종 확정한다.

미팅을 앞두고 팀내에선 고민이 많다. 플랫폼 측에서는 할인율 인상, 구성품 추가 등을 요구할 것으로 예상된다. 물론 매출을 올리기 위한 요구겠지만, 마냥 받아들이긴 힘들다. 지나친 가격 할인은 자칫 브랜드 이미지와 손익에 역효과를 불러올 수 있기 때문이다. 가능하면 가격 외에 광고, 상위노출, 이벤트 등 플랫

폼의 마케팅을 활용하는 게 최선이다. 회사의 금년 평균 영업이익률은 8%로 예상하고 있다.

아이린 에센셜 스킨케어 컬렉션

1. 가격 : 74,800원 (88,000원, 15%↓)
2. 구성 ① 에센셜 워터 150ml
　　　 ② 에센셜 에멀전 120ml
　　　 ③ 에센셜 워터 30ml
　　　 ④ 에센셜 에멀전 30ml
　　　 ⑤ 히아루로닉 마스크 2매
3. 기타 : 무료배송

상품 예상 손익

구분	금액	기타
가격	74,800 원	15% 할인
판매량	3,000 개	7일
매출액	224,400,000	
매출원가	100,980,000	45%
판매관리비	33,660,000	15%
판매수수료	22,440,000	10%
광고비	15,000,000	예산
인건비 외	17,952,000	8%
영업이익	34,368,000	15%

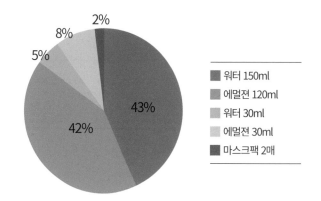

2%
8%
5%
43%
42%

- 워터 150ml
- 에멀전 120ml
- 워터 30ml
- 에멀전 30ml
- 마스크팩 2매

아이마켓 8-Block 모델

Block 1. 현황 분석

상대방 분석	이해관계자 분석
• 피오레의 아이린 영업담당 • e커머스 매출 규모 큼 • 장기적 관계 구축 필요	• 경쟁 e커머스 플랫폼 • 다른 뷰티 브랜드 • e커머스 고객
기회요인 분석	**위협요인 분석**
• 뷰티 브랜드 경쟁 치열 • e커머스 플랫폼 경쟁력 • 뷰티 고객 다수 보유	• 플랫폼 간 경쟁 치열 • 추가 가격 할인 필요 • 광고 등 비용부담 제안

뷰티 브랜드에게 e커머스 플랫폼의 영향력은 가히 절대적이다. 회사 매출 대부분이 여기서 나오기 때문이다. 그러나 상대방, 피오레는 e커머스 시장의 '큰손'이다. 장기적인 관점에서 접근해야 한다.

Block 2. 목표 설정

우선순위	협상 안건	최종 목표
①	가격 할인율	10% 추가 할인
②	추가 구성품	30ml -> 50ml
③	광고 패키지	LMC (2천만원)
④	판매 수수료	10%
⑤	선물용 포장	추가
기타	온라인 홍보	협조

시장의 관심을 끌기 위해서는 가격 할인이 가장 효과적이다. 가격 할인율을 중심으로 추가 안건을 준비하고, 각 안건 별 협상 목표를 수립한다. 우리가 줄 수 있는 카드를 미리 준비하자.

피오레 8-Block 모델

Block 1. 현황 분석

상대방 분석	이해관계자 분석
• 아이마켓 뷰티 MD • e커머스 플랫폼 경쟁력 • 20, 30대 여성 고객 다수	• 타 e커머스 플랫폼 관계자 • e커머스 기존 고객 • 경쟁 브랜드 관계자
기회요인 분석	**위협요인 분석**
• e커머스 매출규모 큼 • 피오레 브랜드 경쟁력 • 경쟁 플랫폼 러브콜	• e커머스 매출 급성장 • 플랫폼 협조가 절대적 • 브랜드 이미지 하락 우려

e커머스 플랫폼 중 아이마켓이 가장 적합하다고 판단하고 있다. 최대한 협력적 관계를 구축해 상생해 나갈 수 있는 협상을 이끌어 보자. 그러나 우리에겐 BATNA가 다양하다. 자신감을 갖고 협상을 준비하자.

Block 2. 목표 설정

우선순위	협상 안건	최종목표
①	가격 할인율	5% 추가 할인
②	추가 구성품	샘플 2개
③	판매 수수료	9% (1% ↓)
④	광고 예산	천 오백만원
⑤	상위 노출	지원
기타	온라인 홍보	지원

흥행을 위해서는 추가 가격 할인은 불가피해 보인다. 다만, 지나친 가격 할인은 브랜드 이미지와 손익에 역효과다. 광고 예산을 활용해 상대의 협력을 구하고, 플랫폼의 홍보 지원을 적극 유도해 보자.

아이마켓 8-Block 모델

Block 3. ZOPA 설정

구분	D. 희망가격	T. 목표가격	W. 결렬가격
가격	61,600원 (30%↓)	66,000원 (25%↓)	70,400 (20%↓)
근거	• 가격 메리트로 고객 확보 • 대형 할인 이미지 전달	• 10% 추가할인 목표 • 6만원대로 가격 경쟁력	• 7만원대 상품 • 가격 경쟁력 한계

6만 원대 상품으로 기획하는 것을 협상 목표로 정하고, 희망가격과 결렬가격을 각각 설정한다.

Block 4. BATNA 검토

구분	우리	상대방
BATNA	경쟁 브랜드 기획 상품 개발	타 플랫폼 선정

협상이 결렬될 경우 경쟁 브랜드를 발굴해 기획 상품을 출시해야 한다. 현재로선 불투명하다. 하지만 상대 BATNA는 비교적 좋다. 상대는 타 플랫폼 출시를 검토할 수 있다.

비즈니스 협상 모델의 탄생 **에잇 블록 협상 모델**

피오레 8-Block 모델

Block 3. ZOPA 설정

구분	D. 희망가격	T. 목표가격	W. 결렬가격
가격	74,800 (15%↓)	70,400원 (20%↓)	66,000원 (25%↓)
근거	• 기대 수익률 달성 • 광고 등 추가 비용 고려	• 가격 경쟁력 확보 • 평균 영업이익률 고려	• 영업이익률 4%~5% 적용 • 브랜드 이미지 하락 우려

가격 경쟁력과 브랜드 이미지를 모두 고려할 때, 7만 원대 상품을 목표로 정하고, 희망가격과 결렬가격을 각각 설정한다.

Block 4. BATNA 검토

구분	우리	상대방
BATNA	타 플랫폼 선정	경쟁 브랜드 기획 상품 개발

협상이 결렬될 경우, 타 플랫폼 출시를 검토할 수 있다. 다만, 우리 고객층을 가장 많이 확보하고 있는 아이마켓이 가장 적합하다. 상대는 경쟁브랜드 기획 상품을 개발해 출시할 수 있다.

아이마켓 8-Block 모델

Block 5. 욕구 탐색

Position	Interest
할인율 추가 5%	제품 인지도 향상
상품 판매 수수료율 인하	
상위 노출 및 홍보 지원	독보적 브랜드 이미지 확보
추가 광고 예산	

Block 6. 창조적 대안 도출

구분	우리	상대방
Core Agenda	추가 할인율	
Position	30%	Maximum 20%
Interest	매출 증대	기대 수익 및 브랜드 이미지 하락 우려
Creative Option	• 매출 증대 + 기대 수익 및 브랜드 이미지 향상 프로모션 전략 • 단기성 30% 할인 이벤트로 고객 유입 • 20% 할인 + Premium 광고 + 온라인, SNS 홍보지원	

시장의 관심을 위해선 큰 폭의 할인이 필요하다. 하지만 상대는 꺼려하는 눈치다. 이유가 뭘까? 단순히 손익 문제가 아니라, 브랜드 이미지 하락을 우려하는 것으로 추측된다. 매출보단 브랜드 이미지다.

상대 브랜드의 이미지를 개선하면서 매출을 올릴 수 있는 방법을 찾아야 한다. 할인율 외에 시장의 관심을 끌 수 있는 추가 Agena를 조합하여 창조적 대안을 만들어 보자.

피오레 8-Block 모델

Block 5. 욕구 탐색

Position	Interest
할인율 30%로 홍보효과 극대화	상품 카테고리 고객층 다수 확보
추가 구성품 검토(30ml -> 50ml)	
판매 수수료율 조정 부정적	회사의 이익 창출
광고 패키지 추천	

상대는 시장의 관심을 끌기 위해선 가격 할인만큼 효과적인 게 없다고 말한다. 상대의 Interest는 고객 확보를 통한 회사의 이익 창출 아니겠는가?

Block 6. 창조적 대안 도출

구분	우리	상대방
Core Agenda	추가 할인율	
Position	Maximum 20%	30%
Interest	기대 수익 및 브랜드 이미지 하락 우려	매출증대 및 회사 이익 창출
Creative Option	• 기대 수익 및 브랜드 이미지 향상 + 매출증대 프로모션 전략 • 추가 할인에 따른 해당 상품 판매 수수료율 조정 검토 • 광고 패키지 이용 + 온라인, SNS 홍보 지원 + 할인율 조정	

우리 브랜드 이미지를 개선하면서 매출을 올릴 수 있는 방법은 무엇일까? 할인율 외에 광고 등을 통해 시장의 관심을 끌 수 있는 다양한 아이디어를 꺼내어 보자.

아이마켓 8-Block 모델

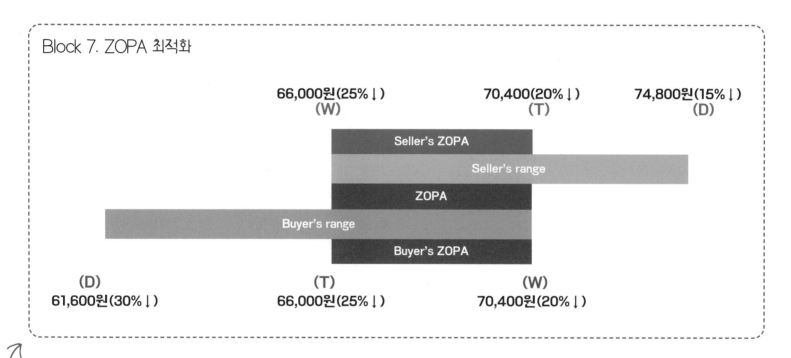

Block 7. ZOPA 최적화

66,000원(25%↓)
(W)

70,400(20%↓)
(T)

74,800원(15%↓)
(D)

Seller's ZOPA

Seller's range

ZOPA

Buyer's range

Buyer's ZOPA

(D)
61,600원(30%↓)

(T)
66,000원(25%↓)

(W)
70,400원(20%↓)

피오레가 1차 협상에서 제시한 할인율은 15%다. 일반적으로 할인율은 5% 단위로 조정하므로, 20%까지는 가능할 것이라고 추측해도 무리가 없다. 양측의 ZOPA는 20%와 25% 사이에서 형성된다. 다만, 25% 할인율을 받아내려면, 홍보 지원 등 피오레의 브랜드 이미지 개선에 도움이 되는 조건을 제시하는 전략을 준비해야 한다.

피오레 8-Block 모델

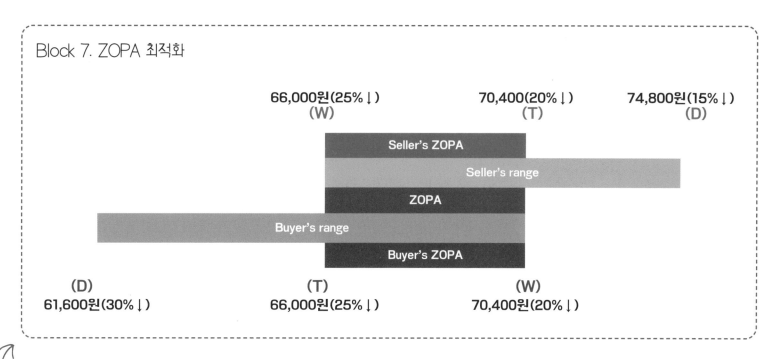

Block 7. ZOPA 최적화

66,000원(25%↓)
(W)

70,400(20%↓)
(T)

74,800원(15%↓)
(D)

Seller's ZOPA

Seller's range

ZOPA

Buyer's range

Buyer's ZOPA

(D)
61,600원(30%↓)

(T)
66,000원(25%↓)

(W)
70,400원(20%↓)

아이마켓이 1차 협상에서 제시한 30% 할인은 Aim high 기법의 일환이다. 25% 수준의 가격 할인율이 목표라고 추측해 볼 수 있다. 양측의 ZOPA는 20%와 25% 사이로 형성된다. 우리 목표 20%로 최종 합의를 이끌어내려면, 광고 등 아이마켓의 추가 수익을 제공하는 전략을 준비해야 한다. 나아가 홍보 지원 등 아이마켓의 적극적 협조를 이끌어내는 게 이번 협상의 관건이다.

아이마켓 8-Block 모델

Block 8. 최종안 도출

Agenda	1안	2안	3안
가격 할인율	25%	23%	20%
추가 구성품	용량 upgrade	선물용 포장	샘플 추가 구성
광고 패키지	Basic	Standard	Premium
홍보 지원	5회	3회	2회
기타	특별할인 이벤트 기간 조정 해당 상품에 한정 판매 수수료율 조정 검토		

ZOPA 내에서 허용가능한 가격 할인율을 3가지로 구성한다. 가격 할인율 외에 현재까지 나온 Agenda를 조합해 상대에게 제안할 3개의 협상안을 준비한다. 합의를 이끄는 데 도움이 되는 추가 Agenda는 없는지 검토하고, 최종 협상을 준비한다.

피오레 8-Block 모델

Block 8. 최종안 도출

Agenda	1안	2안	3안
가격 할인율	20%	23%	25%
추가 구성품	용량 upgrade	선물용 포장	샘플 추가 구성
홍보 지원	2회	3회	5회
광고 패키지	Premium	Standard	Basic
기타	브랜드 및 해당 상품 판매 수수료율 조정 피오레의 다른 상품 패키지 협상		

협상 과정을 돌아보고, 현재까지 논의된 Agenda를 정리한다. 시장의 관심과 상대와의 장기적 협력관계, 두 마리 토끼를 모두 잡을 협상안을 구성한다. 원만한 합의를 위해서는 상대가 결정할 선택권을 마련하는 게 필요하다. 3가지 협상안을 구성하고, 최종 협상을 준비한다.

아이마켓 N8M 협상 캔버스

Block 1. 현황 분석

상대방 분석
- 피오레의 아이린 영업담당
- e커머스 매출 규모 큼
- 장기적 관계 구축 필요

이해관계자 분석
- 경쟁 e커머스 플랫폼
- 다른 뷰티 브랜드
- e커머스 고객

기회요인 분석
- 뷰티 브랜드 경쟁 치열
- e커머스 플랫폼 경쟁력
- 뷰티 고객 다수 보유

위협요인 분석
- 플랫폼 간 경쟁 치열
- 추가 가격 할인 필요
- 광고 등 비용부담 제안

Block 2. 목표 설정

우선순위	협상 안건	최종 목표
①	가격 할인율	10% 추가 할인
②	추가 구성품	30ml -> 50ml
③	광고 패키지	LMC (2천만원)
④	판매 수수료	10%
⑤	선물용 포장	추가
기타	온라인 홍보	협조

Block 3. ZOPA 설정

구분	D. 희망가격	T. 목표가격	W. 결렬가격
가격	61,600원 (30%↓)	66,000원 (25%↓)	70,400원 (20%↓)
근거	• 가격 메리트로 고객 확보 • 대형 할인 이미지 전달	• 10% 추가할인 목표 • 6만원대로 가격 경쟁력	• 7만원대 상품 • 가격 경쟁력 한계

Block 4. BATNA 검토

구분	세부내용
우리	경쟁 브랜드 기획 상품 개발
상대방	타 플랫폼 선정

Block 5. 욕구 탐색

Position	Interest
할인율 추가 5%	제품 인지도 향상
상품 판매 수수료율 인하	
상위 노출 및 홍보 지원	독보적 브랜드 이미지 확보
추가 광고 예산	

Block 6. 창조적 대안 도출

구분	우리	상대방
Core Agenda	추가 할인율	
Position	30%	Maximum 20%
Interest	매출 증대	기대 수익 및 브랜드 이미지 하락 우려
Creative Option	• 매출 증대 + 기대 수익 및 브랜드 이미지 향상 프로모션 전략 • 단기성 30% 할인 이벤트로 고객 유입 • 20% 할인 + Premium 광고 + 온라인, SNS 홍보지원	

Block 7. ZOPA 최적화

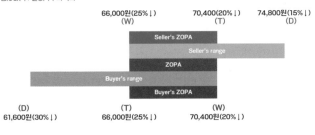

66,000원(25%↓) (W)　70,400원(20%↓) (T)　74,800원(15%↓) (D)

Seller's ZOPA
Seller's range
ZOPA
Buyer's range
Buyer's ZOPA

(D) 61,600원(30%↓)　(T) 66,000원(25%↓)　(W) 70,400원(20%↓)

Block 8. 최종안 도출

Agenda	1안	2안	3안
가격 할인율	25%	23%	20%
추가 구성품	용량 upgrade	선물용 포장	샘플 추가 구성
광고 패키지	Basic	Standard	Premium
홍보 지원	5회	3회	2회
기타	특별할인 이벤트 기간 조정 해당 상품에 한정 판매 수수료율 조정 검토		

비즈니스 협상 모델의 탄생 에잇 블록 협상 모델

피오레 N8M 협상 캔버스

Block 1. 현황 분석

상대방 분석	이해관계자 분석
• 아이마켓 뷰티 MD • e커머스 플랫폼 경쟁력 • 20, 30대 여성 고객 다수	• 타 e커머스 플랫폼 관계자 • e커머스 기존 고객 • 경쟁 브랜드 관계자

기회요인 분석	위협요인 분석
• e커머스 매출규모 큼 • 피오레 브랜드 경쟁력 • 경쟁 플랫폼 러브콜	• e커머스 매출 급성장 • 플랫폼 협조가 절대적 • 브랜드 이미지 하락 우려

Block 2. 목표 설정

우선순위	협상 안건	최종목표
①	가격 할인율	5% 추가 할인
②	추가 구성품	샘플 2개
③	판매 수수료	9% (1% ↓)
④	광고 예산	천 오백만원
⑤	상위 노출	지원
기타	온라인 홍보	지원

Block 3. ZOPA 설정

구분	D. 희망가격	T. 목표가격	W. 결렬가격
가격	74,800원 (15%↓)	70,400원 (20%↓)	66,000원 (25%↓)
근거	• 기대 수익을 달성 • 광고 등 추가 비용 고려	• 가격 경쟁력 확보 • 평균 영업이익률 고려	• 영업이익률 4%~5% 적용 • 브랜드 이미지 하락 우려

Block 4. BATNA 검토

구분	세부내용
우리	타 플랫폼 선정
상대방	경쟁 브랜드 기획 상품 개발

Block 5. 욕구 탐색

Position	Interest
할인율 30%로 홍보효과 극대화	상품 카테고리 고객층 다수 확보
추가 구성품 검토(30ml -> 50ml)	
판매 수수료율 조정 부정적	회사의 이익 창출
가격 할인율 증대	

Block 6. 창조적 대안 도출

구분	우리	상대방
Core Agenda	추가 할인율	
Position	Maximum 20%	30%
Interest	기대 수익 및 브랜드 이미지 하락 우려	매출증대 및 회사 이익 창출
Creative Option	• 기대 수익 및 브랜드 이미지 향상 + 매출증대 프로모션 전략 • 추가 할인에 따른 해당 상품 판매 수수료율 조정 검토 • 광고 패키지 이용 + 온라인, SNS 홍보 지원 + 할인율 조정	

Block 7. ZOPA 최적화

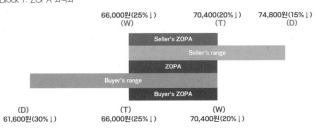

66,000원(25%↓) (W)
70,400(20%↓) (T)
74,800원(15%↓) (D)

Seller's ZOPA
Seller's range
ZOPA
Buyer's range
Buyer's ZOPA

(D) 61,600원(30%↓)
(T) 66,000원(25%↓)
(W) 70,400원(20%↓)

Block 8. 최종안 도출

Agenda	1안	2안	3안
가격 할인율	20%	23%	25%
추가 구성품	용량 upgrade	선물용 포장	샘플 추가 구성
홍보 지원	2회	3회	5회
광고 패키지	Premium	Standard	Basic
기타	브랜드 및 해당 상품 판매 수수료율 조정 피오레의 다른 상품 패키지 협상		

㈜한국 SI 내부정보

* ㈜한국 SI는 협상 시뮬레이션을 위해 만든 가상의 기업입니다.

㈜한국SI 20**년 말까지 세종데이터센터 건립…10년 동안 1조 투입 예정
반도체 설계 특화, 반도체 R&D 클라우드 사업 위한 교두보로 삼을 것
국내 클라우드 업계 최초 HPC 전용 대규모 데이터센터 서버 등 구축에 10년간 7000억 원 투자 예정
– 20**. 4. 25   **news

세종데이터센터 예상도

한국SI는 지난 1분기 컨퍼런스콜에서 클라우드사업 전략 일환으로 세종데이터센터 건립을 추진하고 있다고 밝혔다. 20**년 말 가동될 이 시설은 국내 클라우드 업계 최초의 HPC(고성능 컴퓨팅, High-performance computing) 전용 대규모 데이터센터가 될 전망이다. 급증하는 HPC 수요와 더불어 고객의 상면(임대공간) 수요에 적극 대응하고 데이터 사업의 지속 성장을 위한 계획이다. 특히 HPC 기반 반도체 칩 설계 등 R&D용 클라우드서비스 사업에 주력한다.

이와 관련해 구매팀에 주어진 과제는 서버 등 구축을 위한 사업자 선정 및 협상을 통한 구매 계약체결이다. 지난해부터 대한반도체의 HPC 기반 칩 설계용 솔

데이터센터 서버룸 모습

루션에 대한 컨설팅이 진행되었고, 이를 구현하기 위한 세부 목록이 구매팀으로 넘어왔다.

구매팀은 HPC와 함께 서버 등 구축에 필요한 장비 일체를 견적입찰방식을 통해 제안을 받고, 내부검토 및 품질성능평가시험(BMT: Benchmark Test)을 거쳐 최종 3개 후보군 중 ABC글로벌플랫폼을 우선협상대상자로 선정했다. 평가기준은 기술과 가격을 각각 7:3 비율로 반영했으며, 이후 가격 등 추가 협상을 통해 최종 업체를 결정한다.

업체 선정과 관련해서 가장 우선으로 고려할 점은 제품의 품질과 원천사 및 제안사의 기술지원이다. ABC글로벌플랫폼이 제안한 서버는 고효율 데이터센터를 위한 HPC솔루션으로 3세대 인텔 제온 프로세서 스케일러블 제품군 CPU를 탑재하는 수냉식 서버다. 이는 복잡하고 까다로운 HPC 워크로드를 처리하며, 수냉은 지속적으로 더 많은 열을 제거해 CPU의 성능을 최대 10%까지 향상할 수 있다.

무엇보다 ABC글로벌플랫폼은 설계 단계에도 일부 참여해 솔루션에 대한 이해도가 높을 것으로 기대된다. 기술팀에 따르면 타업체 대비 기술지원체계가 잘 수립되어 있고 파트너십이 뛰어나다. 따라서 내부적으로 ABC글로벌플랫폼에 관심을 기울이고 있다. 하지만 구매팀의 업무 특성상 가격을 무시할 수 없다. 품질과 기술지원은 기본이고, 가격을 합리적으로 협상하는 게 구매팀의 역할이고 책무다. 이번 프로젝트의 예산은 총 140억 원이며, 안정적 운영까지 3년을 목표로 한다. ABC글로벌플랫폼의 견적은 다음과 같다.

업체명	제안 가격	기술 평가	업체 평가	특징
ABC글로벌플랫폼	105억 원	96점	95점	기술지원체계 上 가격 경쟁력 下 파트너십 中
BK아이티솔루션	95억 원	93점	93점	기술지원체계 中 가격 경쟁력 中 파트너십 中
C클라우드시스템	90억 원	85점	98점	기술지원체계 下 가격 경쟁력 上 파트너십 上

구분	HPC 솔루션	서버	네트워크	스토리지
SPEC	Premium	Premium	Standard	Standard
단가	2천만 원	4천만 원	5천만 원	2억 원
수량	150	100	30	10
금액	30억	40억	15억	20억
합계	105억 원			

- 인력 : 30명(전문 10, 지원 15, 교육 5)
- 납기 : 8개월
- 워런티(warranty) : 1년
- 유지보수요율 : 17% / 년

계약 사항 전반에 관한 내용을 결정한다. 협상의 방향과 구체적인 목표는 다음과 같다.

첫째, 전체 예산의 합리적인 절감이다. 다만 장비의 성능, 품질, 기술지원 등 프로젝트의 성과를 떨어뜨리는 가격조정은 바람직하지 않다. 둘째, 워런티 기간 결정이다. 워런티 기간은 보통 1년으로 정하며, 6개월 단위로 조정한다. 이번 프로젝트의 규모를 감안할 때 늘리는 방안을 요청할 필요가 있다. 셋째, 유지보수와 관련된 계약이다. 유지보수 기간 및 요율 결정도 이번 협상의 중요한 쟁점이다.

유지보수 기간은 워런티 기간 이후에 이어지는 기간으로, 고객사가 구매한 소프트웨어나 시스템을 안정적으로 운영할 수 있도록 지속적으로 기술 지원을 제공하는 기간을 말한다. 일반적으로 워런티 기간 이후 1년에서 3년 사이로 정해지며, 유지보수요율은 프로젝트 규모에 따라 다르나 보통 15% ~ 20% 수준으로 결정한다.

이밖에 안정적인 프로젝트 진행을 위해 제시된 인력구성이 충분한지에 대한 세밀한 검토가 필요하다. 납기 등 성공적인 프로젝트를 위해 구매팀의 역할을 십분 발휘해야 한다. 금년 구매팀의 목표는 예산대비 7%의 원가절감이며, 경영진은 매년 협력사와의 상생협력관계를 구매팀에 강조하고 있다.

㈜한국SI는 협력회사와의 동반성장을 추구하며 다양한 활동을 지원하고 있다. 계약관련 보증보험 면제를 통해 협력회사의 증권 발급 비용을 절감하고, 자사와의 거래 실적에 기초하여 금융기관으로부터 저리의 자금을 확보할 수 있는

문제는 가격이 타사 대비 다소 높다는 데 있다. 영업이익을 고려해 입찰가를 산정하는 점을 감안하면 무작정 조정을 요청하기는 쉽지 않다. 그러나 IT솔루션 업체는 이번 계약으로 좋은 레퍼런스를 갖게 되는 점을 무시할 수 없다. 무엇보다 잘 맺어진 관계는 한 번의 거래로 끝나지 않는다. 구매팀은 이 점을 협상에 적극 활용하는 지혜가 필요하다.

이번 협상은 프로젝트 금액, 워런티 기간, 유지보수 계약기간 및 요율, 납기 등

간접 금융 지원 제도도 운영하고 있다. 협력회사의 국내 및 해외 판로 개척을 위해 협력회사 솔루션과 제품을 홍보하고, 동반 진출을 위한 다양한 활동을 통해 새로운 시장 발굴 및 기업 인지도 제고에 기여하고 있다.

ABC글로벌플랫폼 내부정보

* ABC글로벌플랫폼은 협상 시뮬레이션을 위해 만든 가상의 기업입니다.

> ㈜한국SI 20**년 말까지 세종데이터센터 건립…10년 동안 1조 투입 예정
> 반도체 설계 특화, 반도체 R&D 클라우드 사업 위한 교두보로 삼을 것
> 국내 클라우드 업계 최초 HPC 전용 대규모 데이터센터 서버 등 구축에 10년간 7000억 원 투자 예정
> – 20**. 4. 25   **news

㈜ABC글로벌플랫폼은 IT 인프라 구축 컨설팅 기업이다. 급변하는 IT 시장을 분석하고 IT생태계에 필요한 다양한 HW/SW를 제공한다. Cloud, Data&AI, Security, IoT 등 미래의 IT 테크놀로지를 연구하고 산업별 특화된 솔루션을 개발한다. 특히, 고성능컴퓨팅(High Performance Computing) 산업에 역점을 두고, 과학 공학 분야의 시스템 및 관련 서비스를 포괄적으로 공급한다. 세계적인 IT벤더 미라클테크놀리지와 함께 반도체, 의료, 금융 등 다양한 분야의 사업을 진행하고 있으며, 고객이 원하는 솔루션을 직접 개발할 수 있도록 인프라 구축에 최선을 다하고 있다.

현재 회사의 최대 이슈는 국내 SI산업을 이끌고 있는 한국SI 프로젝트다. 한국SI는 지난 1분기 컨퍼런스콜에서 클라우드사업 전략 일환으로 세종데이터센터 건립을 추진하고 있다고 밝혔다.

20**년 말 가동될 이 시설은 국내 클라우드 업계 최초의 HPC(고성능 컴퓨팅, High-performance computing) 전용 대규모 데이터센터가 될 전망이다. 특히, HPC 기반 반도체 칩 설계 등 R&D용 클라우드서비스 사업에 주력한다.

이와 관련해 한국SI는 서버 등 IT 인프라 구축에 속도를 내고 있다. 지난 달 견적 입찰방식을 통해 관련 업체들에게 제안을 받고, 내부검토 및 품질성능평가시험(BMT: Benchmark Test)을 거쳐 최종 3개 후보군을 선정했다.

그 중에서 우리가 우선협상대상자로 선정됐다. 평가기준은 기술과 가격을 각각 7:3 비율로 반영했으며, 한국SI는 이후 가격 등 추가 협상을 통해 최종 업체를 결정한다고 밝혔다.

내부적으로 큰 기대를 걸고 있다. 우리가 제안한 서버는 고효율 데이터센터를 위한 HPC솔루션으로 현재까지 출시된 제품 중 최고의 성능을 자랑한다. 또한 SI기업들 사이에서 타업체 대비 기술지원체계가 잘 수립되어 있고, 파트너십이 좋다는 평가를 받고 있다. 무엇보다 우리는 지난해 말 대한반도체의 HPC 기반 칩 설계용 솔루션 개발에 일부 참여한 이력도 있다. 따라서 자신감을 갖고 전략

적으로 다소 공격적인 제안을 했다. 입찰에 제안한 견적은 영업이익률 13%를 감안한 금액이다.

구분	HPC 솔루션	서버	네트워크	스토리지
SPEC	Premium	Premium	Standard	Standard
단가	2 천만 원	4천만 원	5천만 원	2 억 원
수량	150	100	30	10
금액	30억	40억	15억	20억
합계	105 억 원			

- 인력 : 30 명(전문 10, 지원 15, 교육 5)
- 납기 : 8개월
- 워런티(warranty) : 1 년
- 유지보수요율 : 17% / 년

Simulation3. IT 인프라 구축 협상

HPC 사업자 선정 평가결과

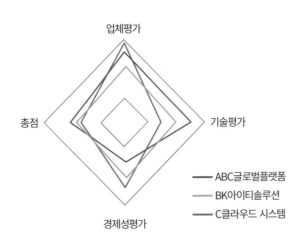

ABC 글로벌플랫폼 손익계산서

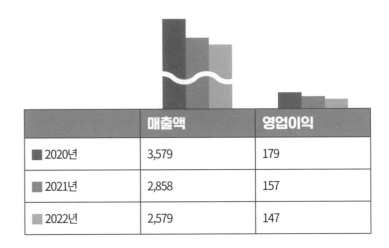

	매출액	영업이익
■ 2020년	3,579	179
■ 2021년	2,858	157
■ 2022년	2,579	147

이번 협상은 프로젝트 금액, 워런티, 유지보수 기간 및 요율 결정 등 계약 사항 전반에 관한 내용을 결정한다. 협상의 방향과 구체적인 목표는 다음과 같다.

첫째, 두말할 것 없이 이번 프로젝트는 반드시 따내야 한다. 우리 회사의 미래가 달렸다. 둘째, 다만 금액 결정은 영업이익을 고려해야 한다. 경험상 반드시 싸다고 결과가 좋은 것은 아니다. 성능에 영향을 미치는 장비 조정은 바람직하지 않다. 셋째, 유지보수와 관련된 계약이다. 대게 안정적 운영까지 3년~5년이 소요된다. 유지보수 기간 및 요율 결정도 매우 중요하다. 영업이익의 상당한 비중을 차지하고 있다.

이밖에 장기적으로 좋은 파트너가 될 수 있도록 다양한 지원방법을 강구해야

한다. 워런티 기간은 개발한 시스템이나 소프트웨어가 고객사에서 실제 운영되는 기간 중 발생한 하드웨어, 소프트웨어의 결함 또는 오류에 대해 기업이 무상으로 수리 또는 교체해주는 기간을 말한다. 업계의 워런티는 1년으로 정하는 것이 일반적이며, 6개월 단위로 조정한다.

유지보수 기간은 워런티 기간 이후에 이어지는 기간으로, 고객사가 구매한 소프트웨어나 시스템을 안정적으로 운영할 수 있도록 지속적으로 기술 지원을 제공하는 기간을 말하며, 일반적으로 워런티 기간 이후 1년에서 3년 사이로 정한다. 유지보수요율은 프로젝트 규모에 따라 다르나 보통 15% ~ 20% 수준으로 결정한다.

세종데이터센터 예상도

데이터센터 서버룸 모습

한국SI 8-Block 모델

Block 1. 현황 분석

상대방 분석	이해관계자 분석
• ABC글로벌플랫폼 PM • 설계 단계 참여 업체 • 기술력 선두 업체	• 상대방의 기존고객 • 원천사(vendor) • 경쟁 입찰 업체
기회요인 분석	**위협요인 분석**
• 10년간 7000억 투자계획 • 대규모 HPC 데이터센터 • 훌륭한 레퍼런스 제공	• 기술력 갖춘 업체가 소수 • 장기적 협력 관계 유지 • 설계 단계에 참여

ABC글로벌플랫폼은 업계에서 기술력으로 인정받는 업체다. 이번 프로젝트의 설계 단계에도 참여했다. ABC글로벌플랫폼 입장에선 이번 협상이 더없이 좋은 기회일 것이다.

Block 2. 목표 설정

우선순위	협상 안건	최종목표
①	가격	96억 원
②	워런티	2년
③	유지보수요율	15%
④	유지보수기간	3년
⑤	인력	전문인력 보충
기타	납기	7개월

이번 협상에서 논의할 안건을 정리하고, 우선순위를 결정해 보자. 발주회사는 계획한 예산 내에서 최고의 성과를 내는 게 협상의 목표다. 각 안건 별 최종 계약서에 들어갈 합리적인 목표를 수립하자.

ABC글로벌플랫폼 8-Block 모델

Block 1. 현황 분석

상대방 분석	이해관계자 분석
• 한국SI 구매팀 • 10년 7000억 투자계획 • 국내 최초 HPC 데이터센터	• BK아이티솔루션 • C클라우드시스템 • 한국SI 의사결정자
기회요인 분석	**위협요인 분석**
• 설계 단계에 참여 • 기술 경쟁력 선두 • 우선협상대상자 선정	• 경쟁사의 낮은 제안가격 • 기대 수익률 하락 부담 • 놓칠 수 없는 기회

한국SI는 국내 최대 IT 기업이다. 지속적인 투자를 계획하고 있다. 이번 협상은 우리에겐 더없이 좋은 기회가 아닐 수 없다. 하지만 첫 단추가 중요하다. 양측이 모두 상생할 수 있는 협상을 준비하자.

Block 2. 목표 설정

우선순위	협상 안건	최종목표
①	가격	97억 원
②	워런티	1년
③	유지보수요율	17%
④	유지보수기간	4년
⑤	인력	30名
기타	납기	8개월

이번 프로젝트를 따내는 것이 최우선 목표다. 하지만 수익률을 고려하지 않을 수 없다. 회사의 평균 수익률을 기준으로 가격 등 여러 조건을 면밀히 살펴보자. 장기적인 관점을 고려하여 목표를 수립해야 한다.

한국SI 8-Block 모델

Block 3. ZOPA 설정

구분	D. 희망가격	T. 목표가격	W. 결렬가격
가격	92억 원	96억 원	99억 원
근거	• 최저 제안가 반영 • 유지보수요율 15% • 예산 12% 절감 기준	• 2순위 제안가 반영 • 유지보수요율 17% • 예산 7% 절감 기준	• 유지보수요율 17% • 예산 5% 절감

예산, 예산 절감 목표, 타업체들의 제안가격, 타업체들의 조건 등을 종합적으로 고려하여 목표가격을 설정한다. 목표가격을 달성하기 위한 전략적 희망가격과 결렬가격을 합리적 근거에 따라 결정한다.

Block 4. BATNA 검토

구분	우리	상대방
BATNA	• BK아이티솔루션 • C클라우드시스템	신규 판로 개척

ABC글로벌플랫폼과의 협상이 결렬될 경우, 타업체를 고려할 수 있다. 다만, 기술력 검증이 좀 더 면밀히 필요하고, 시행착오가 예상된다. 현재로선 좋은 선택은 아니다.

비즈니스 협상 모델의 탄생 에잇 블록 협상 모델

ABC글로벌플랫폼 8-Block 모델

Block 3. ZOPA 설정

구분	D. 희망가격	T. 목표가격	W. 결렬가격
가격	103억 원	97억 원	94억 원
근거	• 영업이익 11% • 유지보수요율 17% • 품질, 기술 경쟁력 부각	• 영업이익 6% • 유지보수요율 16% • 유지보수기간 4년	• 영업이익 3% 고려 • 장기적 관점의 접근

회사의 평균이익률을 기준으로 ZOPA를 설정한다. 단기적인 이익인 납품 가격과 장기적인 이익인 유지보수 요율을 종합적으로 고려하여 유연하게 ZOPA를 설정해야 한다.

Block 4. BATNA 검토

구분	우리	상대방
BATNA	신규 거래처 개척	• BK아이티솔루션 • C클라우드시스템

ABC글로벌플랫폼에게는 너무나 소중한 기회다. 내부적으로 협상 결렬 지점을 유연하게 계획해야 한다. 상대는 BATNA가 다양하다. 우리 외에도 2개의 업체가 프로젝트에 사활을 걸고 있다.

한국SI 8-Block 모델

Block 5. 욕구 탐색

Position	Interest
기술 경쟁력	적정 수익률 확보
납기 단축 어려움 인력 충원 어려움	
워런티 기간 1년	기술 경쟁력에 대한 자신감 및 미래 사업 레퍼런스 고려
유지보수요율 20% -> 17%	

Block 6. 창조적 대안 도출

구분	우리	상대방
Core Agenda	워런티 기간	
Position	2년	1년
Interest	예산 절감 및 안정적 시스템 운영	적정 수익률 확보
Creative Option	• 워런티 1년 + 유지보수요율 15% + 4년 + 전문 인력 보강 • 워런티 1년3개월 + 유지보수요율 17% + 3년9개월 + 지원인력 보강 • 워런티 1년6개월 + 유지보수요율 20% + 3년6개월	

ABC글로벌플랫폼은 기술 경쟁력을 강조한다. 가격 조정에 대한 방어적 성격으로 보인다. 그럼에도 협상 내내 협력적 태도를 유지하기 위해 노력한다. 이번 프로젝트에 거는 기대가 클 것이다.

장비 가격 이외에 워런티 기간이 주요 쟁점으로 떠올랐다. 우리의 예산을 절감하면서 상대의 적정 수익률을 보장해줄 수 있는 방법은 무엇일까? 관련 Agenda를 조합하여 창조적 대안을 도출해 보자.

비즈니스 협상 모델의 탄생 에잇 블록 협상 모델

ABC글로벌플랫폼 8-Block 모델

Block 5. 욕구 탐색

Position	Interest
가격 할인	
	비용 절감
경쟁사 비교	구매팀 성과 달성
워런티 기간 2년	
	최단시간
유지보수요율 15%	시스템 안정화

비용 절감은 구매 담당자의 책무다. 하지만 가격만 싼 것을 원할 리는 없다. 시스템의 안정화가 Interest, 궁극적 목적일 것이다. 우리 회사의 기술 경쟁력은 업계 1위다. 좀 더 적극적으로 협상을 펼쳐보자.

Block 6. 창조적 대안 도출

구분	우리	상대방
Core Agenda	워런티 기간	
Position	1년	2년
Interest	적정 수익률 확보	예산 절감 및 안정적 시스템 운영
Creative Option	• 워런티 1년 + 유지보수요율 15% + 4년 + 전문 인력 보강 • 워런티 1년3개월 + 유지보수요율 17% + 3년9개월 + 지원인력 보강 • 워런티 1년6개월 + 유지보수요율 20% + 3년6개월	

워런티 기간은 회사 수익과 직결된다. 장비 가격을 낮추더라도 워런티 기간을 늘리는 건 부담이다. 유지보수 요율 및 기간, 인력 등을 재검토하여 양측이 모두 만족할 수 있는 창조적 대안을 도출해 보자.

한국SI 8-Block 모델

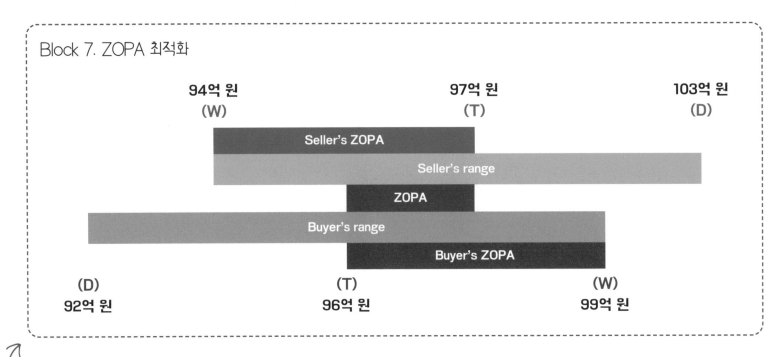

ABC글로벌플랫폼의 최초 제안가는 103억 원이다. 입찰가에서 2억 원 감액한 금액이다. 현재까지 협상 과정, 협상 의지가 강한 점 등을 미루어 볼 때, 90억 원 중반대로 협의가 가능할 것으로 추측된다. 양측의 ZOPA는 96억 원에서 97억 원 사이에 형성된다. 다만, 이번 협상은 가격과 더불어 워런티 기간과 유지보수 요율의 중요도가 크다. Agenda 별 우선순위를 면밀히 검토하자.

ABC글로벌플랫폼 8-Block 모델

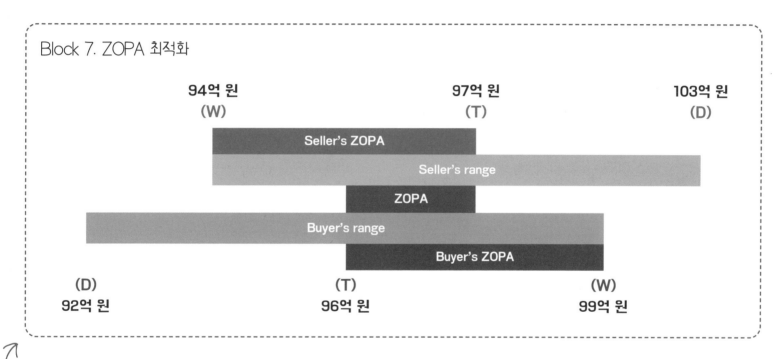

Block 7. ZOPA 최적화

| 94억 원 | 97억 원 | 103억 원 |
| (W) | (T) | (D) |

Seller's ZOPA

Seller's range

ZOPA

Buyer's range

Buyer's ZOPA

| (D) | (T) | (W) |
| 92억 원 | 96억 원 | 99억 원 |

입찰 가격 105억 원에서 2억 원을 감액해 제안했다. 협상 의지를 보이기 위해서다. 하지만 한국SI는 100억 원 아래의 금액을 원한다. 당연히 가능한 금액이고, 준비하고 있다. 다만, 이번 협상은 가격 보다 워런티 기간과 유지보수 요율의 중요성이 더욱 크다. 회사의 장기적 수익과 직결되기 때문이다. 장비 가격은 최종 협상에서 양보할 카드로 남겨두기 위해 현재는 섣불리 양보해선 안 된다.

한국SI 8-Block 모델

Block 8. 최종안 도출

Agenda	1안	2안	3안
가격	95억원	97억 원	99억 원
워런티 기간	1년	1년 3개월	1년 6개월
유지보수요율	15%	17%	20%
유지보수기간	4년	3년 9개월	3년 6개월
기타	납기 및 인력 배치 조정 협의 필요		

현재까지 논의된 Agenda를 정리하고, 3개의 협상안을 구성한다. ZOPA 내에서 가격을 구분하고, 워런티 기간과 유지보수 요율, 유지보수 기간을 면밀히 검토해 패키지를 구성한다. 각 협상안은 예산 절감 목표를 달성하고, 최단기간 내에 시스템을 안정화할 수 있는 최적화 방안인지 다시 한번 검토한다. 자칫 힘으로 밀어붙인다는 인상을 주지 않도록 조심하자. 상대는 이후에도 지속적인 협력관계를 유지해야 하는 업체다.

ABC글로벌플랫폼 8-Block 모델

Block 8. 최종안 도출

Agenda	1안	2안	3안
가격	97억 원	95억 원	94억 원
워런티 기간	1년 6개월	1년 3개월	1년
유지보수요율	20%	17%	15%
유지보수기간	3년 6개월	3년 9개월	4년
기타	납기 및 인력 배치 조정 협의 필요		

이번 협상 결과 나타나는 단기적 성과와 장기적 성과를 잘 구분해야 한다. 가격, 워런티 기간, 유지보수 요율, 유지보수 기간 등 Agenda의 우선순위를 면밀히 검토하는 게 이번 협상의 성패를 좌우한다. 상대의 요구 조건을 수용하는 대신 장기적 관계를 구축할 수 있는 추가 Agenda를 마련한다. 작은 걸 내어주고 더 큰 것을 얻어낼 수 있는 협상의 지혜를 발휘해 보자.

Block 1. 현황 분석

상대방 분석	이해관계자 분석
• ABC글로벌플랫폼 PM • 설계 단계 참여 업체 • 기술력 선두 업체	• 상대방의 기존고객 • 원천사(vendor) • 경쟁 입찰 업체
기회요인 분석	**위협요인 분석**
• 10년간 7000억 투자계획 • 대규모 HPC 데이터센터 • 훌륭한 레퍼런스 제공	• 기술력 갖춘 업체가 소수 • 장기적 협력 관계 유지 • 설계 단계에 참여

Block 2. 목표 설정

우선순위	협상 안건	최종목표
①	가격	96억 원
②	워런티	2년
③	유지보수요율	15%
④	유지보수기간	3년
⑤	인력	전문인력 보충
기타	납기	7개월

Block 3. ZOPA 설정

구분	D. 희망가격	T. 목표가격	W. 결렬가격
가격	92억 원	96억 원	99억 원
근거	• 최저 제안가 반영 • 유지보수요율 15% • 예산 12% 절감 기준	• 2순위 제안가 반영 • 유지보수요율 17% • 예산 7% 절감 기준	• 유지보수요율 17% • 예산 5% 절감

Block 4. BATNA 검토

구분	세부내용
우리	• BK아이티솔루션 • C클라우드시스템
상대방	신규 판로 개척

Block 5. 욕구 탐색

Position	Interest
기술 경쟁력	
납기 단축 어려움 인력 충원 어려움	적정 수익률 확보
워런티 기간 1년	
유지보수요율 20% -> 17%	기술 경쟁력에 대한 자신감 및 미래 사업 레퍼런스 고려

Block 6. 창조적 대안 도출

구분	우리	상대방
Core Agenda	워런티 기간	
Position	2년	1년
Interest	예산 절감 및 안정적 시스템 운영	적정 수익률 확보
Creative Option	• 워런티 1년 + 유지보수요율 15% + 4년 + 전문인력 보강 • 워런티 1년3개월 + 유지보수요율 17% + 3년9개월 + 지원인력 보강 • 워런티 1년6개월 + 유지보수요율 20% + 3년6개월	

Block 7. ZOPA 최적화

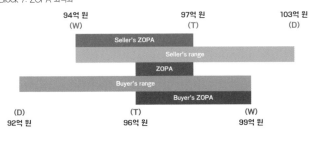

Block 8. 최종안 도출

Agenda	1안	2안	3안
가격	95억원	97억 원	99억 원
워런티 기간	1년	1년 3개월	1년 6개월
유지보수요율	15%	17%	20%
유지보수기간	4년	3년 9개월	3년 6개월
기타	납기 및 인력 배치 조정 협의 필요		

ABC글로벌플랫폼 N8M 협상 캔버스

Block 1. 현황 분석

상대방 분석
- 한국SI 구매팀
- 10년 7000억 투자계획
- 국내 최초 HPC 데이터센터

이해관계자 분석
- BK아이티솔루션
- C클라우드시스템
- 한국SI 의사결정자

기회요인 분석
- 설계 단계에 참여
- 기술 경쟁력 선두
- 우선협상대상자 선정

위협요인 분석
- 경쟁사의 낮은 제안가격
- 기대 수익률 하락 부담
- 놓칠 수 없는 기회

Block 2. 목표 설정

우선순위	협상 안건	최종목표
①	가격	97억 원
②	워런티	1년
③	유지보수요율	17%
④	유지보수기간	4년
⑤	인력	30명
기타	납기	8개월

Block 3. ZOPA 설정

구분	D. 희망가격	T. 목표가격	W. 결렬가격
가격	103억 원	97억 원	94억 원
근거	• 영업이익 11% • 유지보수요율 17% • 품질, 기술 경쟁력 부각	• 영업이익 6% • 유지보수요율 16% • 유지보수기간 4년	• 영업이익 3% 고려 • 장기적 관점의 접근

Block 4. BATNA 검토

구분	세부내용
우리	신규 거래처 개척
상대방	• BK아이티솔루션 • C클라우드시스템

Block 5. 욕구 탐색

Position	Interest
가격 할인	비용 절감 구매팀 성과 달성
경쟁사 비교	
워런티 기간 2년	최단시간 시스템 안정화
유지보수요율 15%	

Block 6. 창조적 대안 도출

구분	우리	상대방
Core Agenda	워런티 기간	
Position	1년	2년
Interest	적정 수익률 확보	예산 절감 및 안정적 시스템 운영
Creative Option	• 워런티 1년 + 유지보수요율 15% + 4년 + 전문인력 보강 • 워런티 1년3개월 + 유지보수요율 17% + 3년9개월 + 지원인력 보강 • 워런티 1년6개월 + 유지보수요율 20% + 3년6개월	

Block 7. ZOPA 최적화

Block 8. 최종안 도출

Agenda	1안	2안	3안
가격	97억 원	95억 원	94억 원
워런티 기간	1년 6개월	1년 3개월	1년
유지보수요율	20%	17%	15%
유지보수기간	3년 6개월	3년 9개월	4년
기타	납기 및 인력 배치 조정 협의 필요		

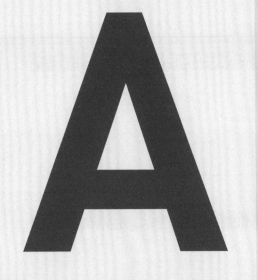

A

**8-Block
Negotiation Model**

부록

APPENDIX

협상 역량 이론 테스트

1. 다음은 협상의 정의와 필요성에 대한 설명이다. 바르지 못한 것은?

① 협상이란 서로 다른 이해관계나 관점을 가진 둘 이상의 당사자가 합의를 이끄는 과정이다.
② 협상은 일상생활은 물론 비즈니스 거래, 국가 간 외교까지 우리 삶 전반에 걸쳐 활용된다.
③ 협상은 비즈니스 거래의 기술이자 구성원들의 소통을 돕는 갈등 해결의 방법이기도 하다.
④ 협상은 어떤 목적을 달성하기 위해 자신의 주장을 관철시키고, 상대를 설득하는 기술이다.
⑤ 협상은 이해관계가 다른 양 당사자가 경쟁과 협력을 통해 상호 이익을 찾아내는 데 목적이 있다.

2. 다음은 비즈니스 협상의 다양한 접근법이다. 바르지 못한 것은?

① 데이터 기반 협상(data-driven negotiation) : 협상 프로세스에서 정량적 데이터를 수집하고 분석하여 객관적인 정보를 토대로 의사결정을 내리는 협상법이다.
② 원칙 중심 협상(principle negotiation) : 하버드 협상연구소의 책 <Getting to Yes>를 통해 알려진 협상법으로 문제와 사람을 분리, 입장이 아닌 욕구에 집중 등의 원칙이 있다.
③ 경쟁 기반 협상(competitive negotiation) : 경쟁적인 상황에서 자원 또는 이익을 분배하거나 최상의 거래를 이루기 위해 사용되며, 장기적 이익을 극대화하는 데 목적이 있다.
④ 관계 기반 협상(relationship-based negotiation) : 협상 상대방과의 관계를 중요시하며, 단기적인 이익보다 장기적인 협력과 상호 신뢰를 구축하는 데 초점을 둔다.
⑤ 윈-윈 협상(win-win negotiation) : 모든 당사자가 협력하여 모두의 이익을 극대화하는 방법으로, 서로의 관심사와 우려를 공유하고, 창의적인 해결책을 찾으며, 상호 신뢰를 강조한다.

3. 다음은 새로운 협상 방법론이 필요하게 된 시대 변화의 요인이다. 거리가 먼 것은?

① 정보 격차의 확대
② 데이터 분석 및 활용 능력 요구
③ 장기적 파트너십의 중요성
④ 경쟁과 협력의 조화
⑤ 리스크 관리 강조

4. 다음은 협상 용어에 대한 설명이다. 바르지 못한 것은?

① BATNA(배트나)란 Best Alternative To a Negotiated Agreement의 약자로, '협상 결렬 시 선택할 수 있는 최선의 대안'을 뜻한다. 일반적으로 BATNA가 다양할수록 협상에서 유리하다.

② Creative Option(창조적 대안)이란 협상 과정에서 양측의 요구가 충돌할 때, 둘의 숨어있는 욕구를 모두 충족시킬 수 있는 새로운 대안을 말한다. 이를 위해 창의적 사고가 요구된다.

③ ZOPA(조파)란 Zone Of Possible Agreement의 약자로, 양측의 '합의 가능 영역'을 뜻한다. ZOPA는 협상의 최초 준비 과정에서 필요한 프로세스로 한번 수립한 ZOPA는 가능한 한 수정하지 않는 것이 바람직하다.

④ Interest(인터레스트)란 겉으로 드러나는 Position과 대비되는 개념으로, 협상 당사자의 숨겨진 욕구를 말한다. 실제로 원하는 것, 내재적인 욕구, Needs 등으로 표현할 수 있으며, 이를 파악해야 양측이 모두 만족할 수 있는 창조적 대안을 도출할 수 있다.

⑤ negotiation optimization(협상 최적화)란 협상 과정에서 최상의 결과를 얻기 위한 노력과 전략을 총칭하는 개념이다. 대표적으로 Creative Option(창조적 대안)과 ZOPA(조파)를 활용하는 방법이 있다.

5. 다음은 비즈니스 협상에서 요구되는 사고(thinking)에 대한 설명이다. 바르지 못한 것은?

① 수학적 사고(mathematical thinking)란 최적의 의사결정을 내리기 위해 수리적 분석을 수행하는 능력을 의미한다. 비즈니스 협상에서 특히, 가격, 조건, 할인율 등과 같은 수치를 다룰 때에는 수학적 사고가 필수적이다.

② 창의적 사고(creative thinking)란 기존의 방식과는 다른 관점에서 문제를 바라보고, 그 속에서 새로운 아이디어와 해결책을 발견하는 능력을 의미한다. 비즈니스 협상에서 대표적으로 양측이 모두 만족할 수 있는 새로운 대안을 찾는 데 활용된다.

③ 논리적 사고(logical thinking)란 주어진 상황을 분석하고 그 속에서 일정한 규칙을 찾아내어 적용하거나 새로운 규칙을 만들어내는 능력을 의미한다. 논리적 사고는 합리적인 의사결정을 내리기 위한 필수 요소이다.

④ 전략적 사고(strategic thinking)란 단기적 목표를 달성하기 위해 자원을 효율적으로 배분하고 리스크를 관리하는 일련의 과정을 의미한다. 불확실한 미래의 상황은 고려 대상이 아니며, 현재 상황에서 최선의 의사결정을 내리는 데 중점을 둔다.

⑤ 개방적 사고(open-minded thinking)란 다른 사람의 의견이나 제안을 열린 마음으로 받아들이는 태도를 말한다. 비즈니스 협상에서 대안을 찾거나 문제를 해결할 때 서로 간의 차이를 인정하고 수용하되, 그 안에서 최선의 합의점을 도출할 때 필요하다.

6. 다음 항목 중 성공적인 협상의 요건과 거리가 먼 것은?

① 공정성(fairness in negotiation)

② 상호 이익(win-win negotiation result)

③ 경쟁과 협력의 조화(harmony of competition and cooperation)

④ 장기적 관계(long-term relationship)

⑤ 합의의 신속성(timeliness of agreement)

7. 다음은 데이터 기반 협상(data-driven negotiation)에 관한 설명이다. 바르지 못한 것은?

① 데이터 기반 협상은 협상 과정에서 정량적인 정보와 데이터를 활용하는 접근법이다.

② 데이터 기반 협상은 협상 당사자 간의 의사소통을 최소화하고, 데이터와 분석에만 의존하여 합의를 이끌어낸다.

③ 데이터 기반 협상은 주관적 견해가 아니라 객관적인 기준을 제시하여 합의를 이끌어내는 데 도움이 된다.

④ 데이터 기반 협상은 통계, 분석 및 예측을 통해 협상의 결과를 최적화하는 데 활용된다.

⑤ 데이터 기반 협상은 데이터를 투명하게 공유하고, 상호 신뢰를 중요하게 여긴다.

8. 다음은 비즈니스 협상 프로세스의 각 단계별 명칭이다. 가장 바르게 나열된 것은?

㉠ 현황 분석(Status Analysis)	㉡ 최종안 도출(Arriving at a Final Solution)
㉢ BATNA 검토(Reviewing th BATNA)	㉣ ZOPA 설정(Determining the ZOPA)
㉤ 목표 설정(Establishing Objectives)	㉥ 욕구 탐색(Identifying Interest)
㉦ 창조적 대안 도출(Developing Creative Option)	㉧ ZOPA 최적화(Optimizing the ZOPA)

① ㉠-㉤-㉣-㉢-㉥-㉦-㉧-㉡

② ㉤-㉢-㉥-㉣-㉠-㉥-㉦-㉡

③ ㉤-㉠-㉦-㉢-㉣-㉡-㉥-㉧

④ ㉠-㉤-㉢-㉣-㉧-㉥-㉡-㉦

⑤ ㉧-㉠-㉤-㉡-㉢-㉣-㉥-㉦

9. 다음은 협상 최적화(negotiation optimization)에 대한 설명이다. 바르지 못한 것은?

① 협상 최적화란 양측이 수용 가능한 범위 내에서 상호 만족할 수 있는 결과를 도출하기 위해 사용하는 전략과 기술을 총칭하는 개념이다.

② 현재의 협상 결과보다 BATNA가 유리할 경우, BATNA를 개발하고 선택하는 것도 협상 최적화의 방안 중 하나다.

③ 협상이 교착 상태에 빠졌을 때, 창의적 사고를 통해 새로운 대안을 찾아내는 것이 대표적 협상 최적화 방법 중 하나다.

④ 협상 최적화란 협상 과정에서 수집한 상대방의 ZOPA를 분석하여 합의 가능 영역을 도출해 내는 과정을 포함한다.

⑤ 협상 최적화의 목표는 현재까지 진행되어 온 협상 내용을 정리하고, 최대한 빠른 시일 내에 협상을 마무리 짓는 것이다.

10. 다음은 비즈니스 협상의 목표 설정(establishing objectives)에 관한 설명이다. 바르지 못한 것은?

① 협상 목표에는 협상 안건의 중요도에 따라 반드시 우선순위를 고려해야 한다.

② 협상의 목표는 협상의 방향성을 제시해 주며, 의사결정의 근거와 기준이 된다.

③ 협상 목표는 최대한 높게 설정해야 만족스러운 결과를 얻어낼 수 있다.

④ 협상 목표를 설정할 때는 상대방의 입장과 관점도 함께 고려해야 한다.

⑤ 협상의 목표는 구체적이고, 측정가능하며, 실현 가능한 수준으로 설정해야 한다.

11. 다음 중 성공적인 협상을 위해 바람직한 협상안의 성격으로 바르지 못한 것은?

① 공정성(fairness)　　② 모호성(ambiguity)

③ 유연성(flexibility)　　④ 현실성(realism)

⑤ 지속 가능성(sustainability)

12. 다음은 비즈니스 협상 프로세스 중 ZOPA 설정(determining the ZOPA)에 대한 설명이다. 바르지 못한 것은?

① ZOPA 설정 단계는 협상 결과에 대한 예측 가능성을 높이고, 협상 프로세스를 효과적으로 관리하는 데 중요한 역할을 한다.

② 상대방의 입장을 고려하여 ZOPA를 설정하는 것은 협상 과정에서 불필요한 갈등을 최소화하고, 서로 만족할 수 있는 수준의 합의점을 이끌어내는 데 도움이 된다.

③ 희망가격(Desired price)은 상대방에게 제시하는 최초 가격으로, 목표가격과의 차이가 지나치게 벌어지면 신뢰 형성에 역효과를 불러온다.

④ 목표가격(Target price)은 협상의 최종 목표가격을 정하는 것으로, 협상 전략 수립을 위한 기준을 제시하는 역할을 한다.

⑤ 결렬가격(Walk-away price)은 협상 결렬을 결정하는 기준이 되며, 일반적으로 공급자는 BATNA로, 구매자는 손익분기점(BEP)으로 판단한다.

13. 다음은 비즈니스 협상의 배트나(BATNA)에 대한 설명이다. 바르지 못한 것은?

① 배트나(BATNA)는 협상이 결렬되거나 원하지 않는 결과로 이어질 경우를 대비해 가지고 있는 최선의 대안을 의미한다.

② 배트나(BATNA)는 차선책의 의미를 포함하며, 협상 전략의 강도를 결정하는 데 중요한 역할을 한다.

③ 배트나(BATNA)는 협상의 최초 준비 단계에서부터 검토하는 게 바람직하다.

④ 배트나(BATNA)는 요구 수준의 정당성을 부여하며, 과도한 목표를 설정해 신뢰를 훼손하거나 협상을 그르치는 경우를 예방할 수 있다.

⑤ 배트나(BATNA)는 우리의 전략 계획에 속하는 것이므로, 협상 진행 과정에서 상대방의 배트나(BATNA)는 고려 대상이 아니다.

14. 다음은 상대방의 욕구 탐색(identifying Interest)에 관한 설명이다. 바르지 못한 것은?

① Position은 상대방의 실제적인 욕구나 필요를 의미한다.

② Interest는 'Position' 뒤에 숨어있는 '이유나 목적'을 의미한다.

③ Interest는 요구사항(requirement) 또는 주장(claim)의 근본적인 원인을 파악하는 데 도움을 준다.

④ Hidden Interest는 겉으로 드러나지 않는 숨겨진 욕구를 의미하며, 그 이면에는 인간의 내면을 깊이 이해하려는 통찰(insight)이 필요하다.

⑤ Hidden Interest를 파악하는 것은 협상에서 이상적인 결과를 찾아내는 데 도움을 준다.

15. 다음은 비즈니스 협상의 창조적 대안(Creative Option)에 관한 설명이다. 바르지 못한 것은?

① 창조적 대안은 기존 입장을 고수하면서 상대방을 설득하는 게 목적이므로, 그 내용을 뒷받침하는 탄탄한 논거 제시가 필수적이다.

② 양측의 요구사항이 충돌할 경우, 새로운 관점에서 창의적인 아이디어를 도출하여 서로에게 이익이 되는 방향으로 합의점을 찾아가는 협상 방법이다.

③ Interest는 Position에 대한 이유를 의미하며, 창조적 대안 도출에 필수적인 정보를 제공한다.

④ 창조적 대안을 도출할 때에는, 최대한 많은 옵션을 고려하되, 각 옵션 간의 장단점을 비교 분석하여 어느 옵션이 상대방에게 가장 매력적인지를 파악하여야 한다.

⑤ 창조적 대안을 도출하는 과정에서 상대 입장에서 생각하는 개방적 사고와 문제를 새로운 관점에서 해결하려는 창의적 사고가 필요하다.

16. 다음은 ZOPA 구간별 의사결정 기준에 대한 설명이다. 바르지 못한 것은?

① ZOPA는 공급자의 결렬가격 ⓑ와 구매자의 결렬가격 ⓒ 사이에서 형성된다.

② ⓓ는 공급자의 희망가격으로, 일반적으로 가격 협상의 시작 지점이다.

③ 구매자는 ⓐ지점에서 협상을 시작해서 ⓑ지점에서 협상을 타결하는 것이 전략이다.

④ 공급자가 ⓒ지점에서 협상을 타결하기 위해서는 추가 안건에 대한 양보 전략이 필요하다.

⑤ ⓓ는 공급자의 희망가격이므로 구매자가 협상 결렬을 선언해야 하는 지점이다.

17. 다음은 비즈니스 협상의 마지막 단계인 최종안 도출(arriving at a final solution)에 관한 설명이다. 바르지 못한 것은?

① 최종안은 모든 당사자들이 협상 결과에 만족하고, 어느 한쪽의 이익이 과도하게 치우치지 않도록 균형을 맞추어야 한다.

② 최종안은 변화하는 상황에 대응할 수 있는 유연성을 유지해야 하며, 불리할 경우를 대비해 모호한 조항을 활용, 재협상의 여지를 남겨야 한다.

③ 최종안은 단기적인 해결책으로 끝나서는 안 되며, 장기적인 관점에서도 지속 가능하게 유지되어야 한다.

④ 최종안은 당사자들이 협상 결과를 공유하고 앞으로의 실행 계획을 세울 수 있도록 명확한 지침이 제시되어야 한다.

⑤ 최종안은 상대의 결정권을 고려하여 선택지를 만들어 제시하면 상대방은 존중받는 느낌을 받게 되어 신뢰 형성에 도움이 된다.

18. 다음은 프로세스 기반 협상(process-based negotiation)에 대한 설명이다. 바르지 못한 것은?

① 협상의 전 과정을 체계적으로 분석하고, 각 단계별로 절차와 전략을 수립하여 진행하는 협상 진행 방법을 말한다.

② 협상의 전 과정을 미리 계획하고, 사전에 수립한 절차에 따라 협상을 진행함으로써 결과에 대한 불확실성을 줄일 수 있다.

③ 협상 상황에 따라 전략을 수정하고, 새로운 정보와 데이터를 활용하여 전략을 변경할 수 있어 유연성을 확보할 수 있다.

④ 협상 당사자가 서로에게 느끼는 감정적 요소를 적극 활용하여, 양측 모두 만족할 수 있는 공정한 결과를 도출할 수 있다.

⑤ 협상에 대한 시간과 노력을 효율적으로 활용할 수 있고, 누락되는 정보나 안건이 발생하지 않도록 예방할 수 있다.

19. 다음은 N8M 비즈니스 협상 캔버스(N8M Business Negotiation Canvas)에 관한 설명이다. 바르지 못한 것은?

① 비즈니스 협상의 전 과정을 구조화하여 한 장의 캔버스에 시각화한 도구로, 복잡한 협상 상황을 한눈에 파악할 수 있다.

② 구성원 간 협상 진행 상황을 공유하고, 각 단계별 주요 이슈를 파악하며, 효율적인 의사결정을 위한 전략을 수립하는 데 활용한다.

③ 협상 진행 과정에서 중요한 정보를 안전하게 보호하고, 상대방에게 노출되지 않도록 관리함으로써 구성원 간 신뢰 형성에 도움이 된다.

④ 협상을 진행하는 데 필요한 시간과 노력을 최소화할 수 있고, 이를 통해 비용을 절감하는 등 협상의 효율성 향상에 도움이 된다.

⑤ 협상팀 간의 자료 공유와 협력에 용이하게 도와주며, 협상의 각 프로세스에 대한 정보와 자료를 쉽게 관리하고 업데이트할 수 있다.

20. 다음은 협상과 관련된 심리학 이론들이다. 설명이 바르지 못한 것은?

① 자기 결정성 이론(self-determination theory, SDT)에 따르면 사람들은 흥미나 즐거움을 느끼는 행동이라도 보상이나 외부 압박이 있으면 동기가 강화된다.

② 사람들은 너무 많은 선택지가 주어지면 오히려 결정 장애를 겪으며, 세 가지의 심플한 선택지는 선택의 편리성(convenience of choice)을 제공해 더 쉽게 결정을 내리도록 돕는다.

③ 중간 효과(compromise effect)는 상대방이 스스로가 합리적인 결정을 내린 것처럼 느끼게 하는 효과가 있다.

④ 프레이밍 효과(framing effect)는 정보가 제시되는 방식이 그 정보의 해석과 인식에 영향을 미치는 심리학적 현상을 말한다.

⑤ 앵커링 효과(anchoring effect)는 의사결정을 내릴 때 초기에 제시된 기준값이 그 후의 판단에 영향을 미치는 심리를 말한다.

정답

1.④ 2.③ 3.① 4.③ 5.④ 6.⑤ 7.② 8.① 9.⑤ 10.③ 11.② 12.⑤ 13.⑤ 14.① 15.① 16.⑤ 17.② 18.④ 19.③ 20.①

주요 협상 용어 정리

협상과 설득의 차이

협상(協商) : 서로 다른 이해관계나 관점을 가진 둘 이상의 당사자가 합의를 이끄는 과정
설득(說得) : 상대편이 이쪽 편의 이야기를 따르도록 여러 가지로 깨우쳐 말함

에잇 블록 협상 모델(8-Block Negotiation Model)

열린협상연구소(opennegolab.com)가 개발한 비즈니스 협상 모델이다. 프로세스 중심의 데이터 기반 협상을 강조한다. 8단계의 구조화된 실행과제를 통해 협상을 완성하는 것을 목표로 한다. 주도적인 협상, 예측 가능한 협상을 추구한다.

N8M 비즈니스 협상 캔버스(N8M Business Negotiation Canvas)

비즈니스 협상의 전 과정을 구조화하여 한 장의 캔버스에 시각화한 도구다. 협상팀을 구성하여 프로세스를 공유하고, 전략을 수립하며, 협상 과정을 체계적으로 준비하고 실행하는 데 활용한다.

데이터 기반 협상(data-driven negotiation)

협상 과정에서 정보를 조사하고, 데이터를 수집, 분석하여 수치와 사실에 근거하여 대응 전략을 수립하고 합의안을 도출하는 협상 방식을 말한다. 감정에 호소하거나 주관적 입장에 의한 제안이 아닌, 철저한 사전 준비를 통한 논리적인 접근법을 강조한다.

프로세스 기반 협상(process-based negotiation)

협상의 진행 과정 자체에 중점을 두는 협상 방식을 의미한다. 협상 과정을 체계적으로 설계하고 구조화하여 관리하는 것을 강조하며, 각 단계별 수행 과제를 명확하게 계획한다. 협상의 효율성을 높이고 예측 가능한 협상을 이끌도록 돕는다.

경쟁 기반 협상(competitive negotiation)

협상을 경쟁의 수단으로 인식하고, 자신의 이익을 극대화하기 위해 경쟁적인 전략을 채택하는 협상 방식을 말한다. 주로 한 쪽의 이익이 다른 쪽의 손실로 이어지는 '제로섬게임(zero-sum game)에서 나타나며, 장기적 관계보다는 단기적 이익을 중요시한다.

원칙 중심 협상(principle negotiation)

하버드 협상연구소 로저피셔(Roger Fisher)와 윌리엄 유리(William Ury)를 중심으로 개발된 협상 방법론이다. 존중과 공정성, 상호이익 등을 강조한다. 주요 원칙으로 '문제와 사람의 분리', '입장이 아닌 이해에의 집중' 등이 있다.

관계 기반 협상(relationship-based negotiation)

협상 상대방을 경쟁자가 아닌 파트너로 인식하고, 협력적인 접근과 전략을 채택하는 협상 방식을 말한다. 갈등을 최소화하고 신뢰를 강조한다. 단기적 이익보다 장기적 관계 형성이 협상의 중요한 목표다.

윈윈 협상(win-win negotiation)

'양쪽 모두 이긴다'는 의미로, 모든 당사자가 만족하는 결과를 얻도록 진행하는 협상 방식을 말한다. 협상 과정에서 신뢰와 상호 존중을 강조한다. 양측의 Interest(욕구)를 탐색하며 창의적인 솔루션을 도출해 내는 게 중요하다.

협상 최적화(negotiation optimization)

협상에서 최상의 결과를 얻기 위한 노력과 전략을 총칭하는 개념이다. 협상 과정에서 새로운 솔루션을 개발하고, 합의 가능성을 찾아나가는 일련의 활동이다. 대표적으로 Creative Option(창조적 대안)과 ZOPA(조파)를 활용하는 방법 등이 있다.

코피티션(co-petition)

협력(cooperation)과 경쟁(competition)의 합성어다. 기업이 경쟁 상대로서 경쟁하면서 동시에 협력 파트너로서 협력해야 하는 상황을 의미한다. 산업이 급변하고 글로벌 경제가 복잡해지면서 떠오른 개념이다. 경쟁과 협력의 조화를 강조한다.

조파(ZOPA)

ZOPA(조파). Zone Of Possible Agreement의 약자다. '합의 가능 영역'을 뜻한다. 주로 가격 협상을 준비하는 도구로 활용된다. 협상 전에 목표가격(Target price), 희망가격(Desired price), 결렬가격(Walk away price)을 결정하고, 상대의 ZOPA도 추측해 봄으로써 주도적인 협상, 예측 가능한 협상을 수행할 수 있다.

수학적 사고(mathematical thinking)

수학적 원리와 개념을 활용해 논리적으로 추론하고 판단하는 능력을 말한다. 이를 통해 복잡한 상황을 분석하고, 패턴을 찾아내며, 합리적인 결론에 도달할 수 있다. 협상 상대방의 입장을 고려해 합리적인 가격 범위를 도출하는 데 필요하다.

목표가격(Target price)

최종 합의안으로 채택되기를 원하는 가격을 말한다. 반드시 달성해야 할 가격 또는 수용 가능한 가격을 의미하는 것은 아니다. 그러나 사전에 목표를 정하지 않고 협상에 들어가는 것은 문제가 있다. 목표가 있어야 전략을 세울 수 있어서다.

희망가격(Desired price)

전략적 제안 가격이다. 공급자라면 목표보다 높게, 구매자라면 목표보다 낮게 정하는 것이 일반적이다. 앵커링 효과(Anchoring effect)를 활용해 협상의 기준점을 선점하려는 목적과 더불어 양보의 여지를 남겨두기 위한 전략이다. 주의할 점은 목표가격과의 차이(gap)가 지나치게 벌어지면 오히려 역효과를 불러온다.

결렬가격(Walk away price)

협상 결렬을 결정하는 기준이 된다. 공급자는 영업이익이나 손익분기점(BEP)을 기준으로 정하며, 잘못된 협상을 미연에 방지할 수 있다. 구매자는 허용 가능한 가장 높은 금액을 지불하는 지점으로, 일반적으로 BATNA를 통해 결렬가격을 판단할 수 있다.

닻내림 효과(anchoring effect)

어떤 선택을 하거나 판단을 내릴 때 초기에 접한 정보나 숫자에 과도하게 의존하는 현상을 말한다. 가격 협상에서 판매자가 초기에 제시한 가격이 '닻(anchor)' 역할을 하게 되고, 구매자는 이 기준에서 협상을 시작하려는 경향을 보인다.

손익분기점(Break-Even Point, BEP)

기업의 수익과 지출이 정확하게 상쇄되어 순수익이 제로(0)가 되는 지점을 가리킨다. 기업이 수익을 발생시키고 이익을 창출하기 위해 얼마나 판매해야 하는지를 이해하는 데 도움을 준다. 가격 설정, 비용 관리 및 수익성 분석 등에 활용된다.

배트나(BATNA)

'Best Alternative To a Negotiated Agreement'의 약자다. 협상이 결렬될 경우 선택할 수 있는 '최선의 대안'을 의미한다. '플랜 B' 혹은 '차선책'의 의미를 포함하며, 협상 전략의 강도를 결정하는 데 중요한 역할을 한다. 협상의 '힘'을 결정하는 요소다.

워트나(WATNA)

'Worst Alternative to a Negotiated Agreement'의 약자로 협상이 결렬될 경우 받아들여야 하는 '최악의 결과'를 의미한다. BATNA와 상반되는 개념이다. WATNA는 얼마나 많은 양보를 해야 하는지 결정하는 기준이 된다. 만약 WATNA가 매우 안 좋다면, 협상에서 더 많은 양보를 고려해야 한다.

비즈니스 협상 모델의 탄생 **에잇 블록 협상 모델**

포지션(Position)

협상 당사자가 협상 테이블에서 겉으로 드러내는 주장이나 요구사항을 의미한다. 일반적으로 Position은 협상의 시작 지점에서 나타나는 양측의 초기입장으로, 충돌이나 갈등을 일으키는 요인으로 작용한다.

인터레스트(Ineterest)

Position과 대비되는 개념으로, 협상을 통해 이루고자 하는 근본적인 욕구나 목표를 의미한다. 성공적인 협상을 위해서는 상대방의 Position 이면에 있는 Interest를 파악해야 한다. 둘 다 만족하는 창조적 대안을 찾아가는 필수적 과정이다.

히든 인터레스트(Hidden Interest)

겉으로 드러나지 않는 숨겨진 욕구를 의미하며, 협상 과정이나 결과에 대한 개인의 내재적인 욕구나 가치를 반영하는 개념이다. 존중감, 공정성, 인정, 안정감 등과 관련이 있으며, 이를 파악하기 위해서는 상대에 대한 깊이 있는 통찰(insight)이 필요하다.

창조적 대안(Creative Option)

양측의 욕구(Interest)를 동시에 만족시키는 제3의 대안을 말한다. 입장(Position) 뒤에 숨겨진 욕구(Interest)를 파악하면 둘 다 만족하는 솔루션을 도출할 수 있다. 윈윈 협상의 대표적 방법이며, 공동의 대안(common ground)이라고도 부른다.

어젠다 확장(extended agenda)

협상 과정에서 양측의 의견차이가 심해 교착상태(deadlock)에 빠졌을 때, 기존의 협상 안건(agenda) 외에 새로운 안건을 추가하여 협상을 재개하는 기법을 말한다. 서로의 중요도에 따라 give & take 협상이 가능하다.

주관적 사고(subjective thinking)

특정 상황 또는 대상에 대한 개인의 느낌, 견해, 믿음 혹은 기대감을 토대로 의사결정을 내리는 경향을 말한다. 객관적 사고와는 달리, 주관적 사고는 종종 편향되거나 비합리적인 결정으로 이어질 수 있다.

객관적 사고(objective thinking)

주어진 상황 속에서 최대한 논리적이고 이성적으로 의사결정을 내리는 것을 말한다. 어떤 주장이든 옳고 그름을 명확하게 파악하려 하며, 다른 사람의 입장에서도 사안을 바라볼 수 있기 때문에 공정한 결론을 도출하는 데 도움이 된다.

개방적 사고(open-minded thinking)

새로운 아이디어, 관점 또는 정보를 수용하고 다양한 의견을 고려하는 태도를 가리킨다. 고정관념에서 벗어나 유연한 사고를 가지는 것을 말하며, 다른 사람의 의견을 존중하고, 창의적인 솔루션을 찾는 데 도움을 준다.

창의적 사고(creative thinking)

기존의 틀에서 벗어나 새로운 관점에서 문제를 바라보고 독창적인 방법으로 문제를 해결하는 능력을 말한다. 주어진 상황에서 최선의 방법을 찾기 위해 여러 가지 대안을 떠올리고 그중 가장 적합한 안을 선택하는 일련의 과정이다.

게임이론(theory of games)

상호의존적, 전략적 상황에서 한 사람의 행위가 다른 사람의 의사결정에 어떤 영향을 미치는지 연구하는 이론이다. 각각의 플레이어는 상대방의 반응을 고려하면서 자기의 이익을 극대화하기 위해 가장 합리적인 선택을 한다.

제로섬 게임(zero-sum game)

한쪽의 이득과 다른 쪽의 손실을 더하면 제로(0)가 되는 게임을 일컫는 말이다. 이러한 상황에서는 승자와 패자가 명확히 구분되므로, 협력보다는 경쟁적으로 접근하는 경향이 있다. 상생을 추구하는 비즈니스 협상에서는 제로섬 게임을 비제로섬 게임(non zero-sum game)으로 전환하려는 노력이 필요하다.

레몬 시장(lemon market)

정보 비대칭이 심한 상황을 일컫는 말이다. 상품의 가치에 대해 판매자와 구매자 간 가지고 있는 정보가 달라 우량품은 자취를 감추고 불량품만 남아도는 시장이다.

매몰 비용 효과(sunk cost effect)

어떤 일을 진행하면서 이미 투입한 비용 때문에 다른 합리적인 선택을 하지 못하는 현상을 말한다. 이미 지출되었기 때문에 회수할 수 없는 비용인데도 불구하고, 그것이 아까워서 포기하지 못하고 지속적으로 매달리는 상황을 의미한다.

죄수의 딜레마(prisoner's dilemma)

게임이론의 하나로 두 명의 공범자가 서로 협력할지 배반할지를 결정해야 하는 상황에서 나타나는 심리상태를 묘사한다. 양측의 협력적인 선택이 최선의 선택인 줄 알지만, 배반을 선택할 수밖에 없는 상황을 설명한다.

최후통첩 게임(Ultimatum game)

게임이론 중 하나로, 2명의 플레이어가 일정 금액을 나누어 가지기 위해 서로 경쟁하는 상황을 묘사하는 게임 이론이다. 만약 상대방으로부터 제안 받은 조건이 마음에 들지 않는다면 거절할 수 있으며, 그 결과 둘 다 아무것도 가지지 못하게 된다.

라포르(rapport)

프랑스어로 '마음이 통하다'는 뜻으로 심리학에서는 두 사람 사이의 정서적 유대감 또는 친근감을 뜻한다. 최근에는 협상 과정에서 상대와의 감정적 교감을 중시하는 경향이 강해지면서 라포르의 중요성이 더욱 부각되고 있다.

자기 결정성 이론(self-determination theory, SDT)

인간의 동기와 행동의 원동력을 이해하는 심리학적 이론이다. 사람들이 외부에서 가하는 압력이 아닌 내부적인 요소로부터 비롯된 동기가 행동을 주도할 때 더 만족스럽고 지속적인 성과를 얻을 수 있다고 주장한다.

골디락스 가격(goldilocks pricing)

가격이 아주 비싼 상품과 싼 상품, 중간 가격의 상품을 함께 진열하여 중간 가격의 상품을 선택하게 유도하는 판촉기법을 말한다. 사람의 본능이 극단적 선택보다는 평균값에 가까운 것을 선택하는 경향을 이용한 판매 방법이다.

선택의 편리성(convenience of choice)

너무 많은 선택지가 주어지면 사람들은 오히려 결정 장애를 겪는다. 과도한 선택지가 오히려 불확실성을 증가시켜 사람들이 선택을 포기하거나 비합리적인 결정을 내리게 만든다. 심플한 선택지는 상대방에게 선택의 편의성을 제공하고, 더 쉽게 결정을 내릴 수 있게 돕는다.

중간 효과(compromise effect)

극단적인 선택지보다 중간의 선택지를 선호하는 경향을 가리키는 심리학 용어이다. 세 가지 선택지를 제시함으로써, 상대방이 중간의 선택지를 더욱 선호하게 만들 수 있고, 스스로가 합리적인 결정을 내린 것처럼 느끼게 하는 효과가 있다.

프레이밍 효과(framing effect)

정보가 제시되는 방식이 그 정보의 해석과 인식에 영향을 미치는 심리학적 현상을 말한다. 같은 정보라도 어떻게 표현되는지에 따라 사람들의 반응이 달라질 수 있다. 프레이밍을 활용하면, 원하는 결과를 이루기 위해 상대방의 선택을 유도할 수 있다.

에임 하이 기법(aim high effect)

협상 초기 단계에서 자신의 목표보다 더 많은 것을 요구하고, 협상 과정에서 양보를 거쳐 목표를 달성하는 협상 기법을 말한다. 앵커링 효과(anchoring effect)를 활용해 기준점을 선점하는 효과가 있다. 다만, 지나치게 높은 제안은 역효과를 불러온다.

팃포탯(tit for tat, TFT)

'눈에는 눈 이에는 이 전략'이라고도 부른다. 처음에는 협력하지만, 이후부터는 상대의 태도에 따라 협력 또는 배반을 선택하는 전략이다. 먼저 협력하되 상황 변화에 따라 언제든지 배반할 수 있는 모습을 보임으로써 상대의 협력을 이끌어 낼 수 있다.

굿가이-배드가이(good guy-bad guy)

팀을 이뤄 협상을 진행할 때 상대방에게 두 가지 상반된 모습을 보여줌으로써 원하는 바를 얻어내는 방식이다. 못된 상대 옆에 자신의 말을 조금이라도 잘 들어주는 사람이 있다면, 우리는 착한 사람의 제안을 아주 좋은 것으로 인식하게 된다.

권한위임 전술(delegation tactics)

자신은 최종 결정권자가 아니라고 말하는 협상법이다. 설령 최종 결정권을 가졌다 하더라도 상위 권위자를 끌어들임으로써 거절의 명분을 만들 수 있다. 상대방의 제안을 자연스럽게 거절할 수 있어 관계를 유지하면서도 유리한 결과를 얻어낼 수 있다.

니블링(nibbling)

'야금야금 전술'이라고도 한다. 양복 구매 협상에서 대략적인 가격대가 나오면 점원에게 넥타이를 끼워달라고 요구하는 예가 대표적이다. 협상을 오래 끌어 잠정적인 합의안이 가까워지면 큰 틀에서는 수용하면서도 약간의 추가 양보를 받아내는 전술이다.

카운터 니블링(counter nibbling)

상대방의 추가 요구를 역이용하여 또 다른 협상안을 제시하는 기법이다. 상대방이 무리한 요구를 하거나 과도한 양보를 요구할 때, 그에 상응하는 반대급부를 제안하거나 혹은 새로운 조건을 제시하면서 거래를 유리하게 이끌어가는 방법을 말한다.

블러핑(bluffing)

상대에게 심리적 압박감을 주기 위해 의도적으로 거짓 정보를 흘리는 행위를 말한다. 흔히 포커 게임에서 사용되는 용어로, 자신의 패가 약하지만 강한 척 허세를 부리는 전략을 의미한다.

살라미 전술(salami tactics)

본래 이탈리아 소시지 '살라미'에서 유래한 용어로, 얇게 썰어 먹는 방식처럼 조금씩 순차적으로 진행하는 공격 형태를 뜻한다. 하나의 과제를 여러 단계로 세분화하여 각 단계별로 요구하는 성과를 얻어내는 방법이다.

지연 전술(delay tactics)

협상을 지연시켜 상대방을 초조하게 만들어 양보를 받아내도록 하는 것이 목적이다. 상대방이 협상을 빨리 끝내고 싶어 하는 욕구가 있다고 판단될 때 유효한 전술이다. 협상안을 갑자기 바꾸어 처음부터 시작하거나, 같은 주제에 대해 주장을 반복하여 상대를 지치게 만드는 방법 등이 있다.

코딱지 전술(bogey tactics)

실제로 원하지 않았던 일을 수용하는 대신 진짜 선호했던 것을 받아내는 방법이다. 중요하지 않은 사안인 것처럼 보이게 하거나 반대로 사소한 사안을 중요한 사안인 것처럼 보이게 하여 상대방의 인식을 호도한 뒤 목적을 달성하는 협상 전술을 의미한다.

플린칭(flinching)

사격에서 방아쇠를 당기면 순간적으로 놀라 총을 움직이게 되는 현상을 말하는 용어로, 상대에게 심리적 압박감을 주기 위한 협상 전술 중 하나다. 상대방으로부터 뜻밖의 제안이나 조건을 받았을 때, 순간적으로 당황하거나 놀라는 듯한 반응을 보이는 행위를 말한다.

협상과 함께한 1만 시간의 성과 보고서

어느덧 10년이 흘렀습니다. 협상만 연구하고, 협상 주제로만 강의했습니다. 두 권의 협상 책을 쓰고, 수십 편의 협상 시나리오를 개발하였으며, 수백 차례에 걸쳐 기업 실무자들의 협상 교육을 이끌었습니다. 드라마나 영화를 보거나, 뉴스 속 사건이나 주변 갈등을 접할 때면, 꼬인 실타래를 풀어내느라 밤잠을 설쳤습니다. 머릿속에선 협상이 끊일 날이 없었습니다. 그렇게 '1만 시간'을 보냈습니다. 그게 저의 역할이고, 가장 잘하는 일이라 여겼습니다. 이 책은 그런 시간의 총체입니다. 부족하지만, 부끄럽지 않으려고 노력했습니다.

협상 교육의 기준을 만들고 싶었습니다. '내가 해보니 이렇게 하는 게 더 낫더라'가 아니라, 원리와 가이드가 필요했습니다. 권위를 앞세워 가르치는 교육이 아니라, 프로세스 중심으로 배우고 익히는, 트레이닝 교육이 바람직하다고 여겼습니다. 악기나 운동을 배우는 것처럼, 협상력도 시간과 노력을 기울이면 누구나 향상될 수 있는 프로그램을 개발하고 싶었습니다. 서른 중반, 가장의 무게에도 회사를 박차고 나올 수 있었던 이유입니다. 그리고 협상 교육의 체계를 수립하겠다 선언하고 나섰습니다.

예상대로 길은 험했습니다. 주변 반응은 냉담 그 자체였습니다. 지지와 응원은커녕 걱정과 염려로 쉽사리 조언을 구하기도 힘들었습니다. 그도 그럴 것이 누구도 가지 않은 길이었습니다. 배울 곳도, 가르쳐 줄 사람을 찾기도 막막하던 시절입니다. 시련과 고난이 뻔히 예상되는 건 당연한 일이었습니다. 그러나 자신은 없었지만, 가야 할 길이란 생각은 확고했습니다. 그리고 10년 후, '에잇 블록 협상 모델'이란 이름을 세상에 내어놓게 되었습니다. 아내의 응원과 지지가 없었다면 불가능한 일입니다.

이 책이 가지는 특별한 의미는 그야말로 '협상'의 결과물이라는 점입니다. 작가의 생각과 글로 써낸 보통의 책과는 달리, 수많은 사람이 머리를 맞대고 함께 만들어낸 '컬래버레이션'의 결정체입니다. 시간만 해도 꼬박 2년 걸렸습니다. 때론 멋진 아이디어로 기뻐하고, 때론 의견이 달라 갈등을 빚기도 하고. 하지만 그 과정들을 잘 조율하고 협의해 더 나은 결과를 이끌어내는 게 협상 아니겠습니까. 이 책은 만드는 과정 하나하나에 협상의 그것들이 고스란히 녹아들어 있습니다. 이 책이 협상 책으로서 더욱 특별한 이유입니다.

이 책의 총괄 책임은 애드앤미디어 엄혜경 대표님이 맡았습니다. 최초 제안부터 기획, 디자인에서 편집에 이르기까지. 매 순간 작가와 회의하고, 소통하며 프로젝트를 이끌었습니다. 작가의 완벽주의 성향을 다독이고, 격려하는 일도 엄혜경 대표님의 몫이었습니다. 사계절이 두 번이나 바뀌는 동안 영등포와 양평을 오가며 머리를 맞댔습니다. 엄혜경 대표님이 아니었다면 이 책은 세상에 나올 생각조차 할 수 없었습니다. 언제나 든든한 지원군이자 지지자인 엄혜경 대표님께 진심으로 감사드립니다. 정말 수고 많으셨습니다.

이 책의 이론적 체계는 공저자이자, 열린협상연구소 자문이신 김양수 교수님의 도움이 컸습니다. 1년이 넘는 기간 동안 책 속 콘텐츠를 그야말로 해부하다시피 했습니다. 협상에 관한 철학을 재정립하고, 시대 변화에 따른 협상의 방향성을 제시해 주셨습니다. 덕분에 사례를 재해석하고, 시나리오와 프로세스를 검증하며 '에잇 블록 협상 모델'을 완성할 수 있었습니다. 개인적으로 협상 연구 분야에 단연 최고가 아니실는지요. 평소 학문과 교육을 대하는 태도나 깊이를 접하며 많은 것을 배우고 있습니다. 진심으로 감사드립니다.

이 책은 디자인에 대한 찬사가 돋보입니다. 오랜 시간 함께 고민하고, 편집하며, 최고의 디자인을 탄생시킨 얼앤똘비악의 디자이너 얼과 똘비악님께 감사드립니다. 다소 부담스러운 제안에도 책의 총괄 에디터를 기꺼이 맡아 주고, 아낌없는 애정과 응원을 보내주신 열린비즈랩 혁신가이드 안병민 대표님께도 진심으로 감사의 말씀을 전합니다.

궁극적으로 협상은 더불어 살아가는 지혜라고 생각합니다. 개인이든 조직이든, 가족이든 비즈니스 관계든, 사안이 중대하든 그렇지 않든 본질은 다르지 않을 것입니다. 자신의 한계를 이해하고, 상대의 존재와 역할을 인정할 때, 비로소 협상력이 빛을 발합니다. 혼자 다 할 수 있고, 내가 더 손해라고 생각하는 일에는 협상이 끼어들 틈이 없습니다.

'집사람 마음도 얻지 못하면서, 어찌 사람들의 마음을 얻는단 말인가' 상대 입장을 이해하고, 공감하며, 서로 배려할 수 있어야 협상을 잘 할 수 있다는 진실을 삶의 현장에서 톡톡히 일깨워준 사랑하는 아내 이보연과 두 아들 선빈이, 승찬이에게 이 책을 바칩니다.

열린협상연구소
오명호 소장

현황 분석

Status **A**nalysis

현황 분석은 전략 수립의 기초다. 협상의 성패는 어떤 정보를 수집하고, 어떻게 분석하는가에 달렸다.

목표 설정

Establishing **O**bjectives

목표는 성공 협상의 필수 요소이며, 구체적이고, 수치화한 목표는 전략의 용이함과 효율성을 높인다.

ZOPA 설정

Determining the **Z**OPA

가격의 합의가능영역을 예측하고, 각 요소의 값을 사전에 준비함으로써 의사결정의 기준을 제시한다.

BATNA 검토

Reviewing the **B**ATNA

배트나는 협상의 유불리를 결정한다. 결렬을 가정한 대안을 준비함으로써 전략의 강도를 결정할 수 있다.

욕구 탐색

Identifying **I**nterest

성공 협상의 결정적 단서가 되며, 숨겨진 Interest를 파악하기 위해서는 질문과 경청, 공감의 기술이 필요하다.

창조적 대안 도출

Developing **C**reative Option

양측의 Interest를 모두 만족하는 제3의 대안을 구하는 과정으로, 그 결과 Win-Win 협상이 탄생한다.

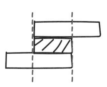

ZOPA 최적화

Optimizing the **Z**OPA

협상 과정을 분석해 양측의 ZOPA를 도출함으로써 원만한 합의를 이끌어낼 수 있다.

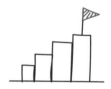

최종안 도출

Arriving at a **F**inal decision

협상과정을 토대로 어젠다별 선택지를 구성한다. 원만한 합의를 가능하게 함은 물론 상대의 만족감을 높여준다.

비즈니스 협상 모델의 탄생 **에잇 블록 협상 모델**

Block 1. 현황 분석

상대방 분석	이해관계자 분석

기회요인 분석	위험요인 분석

Block 2. 목표 설정

우선순위	최종 목표	최종목표
①		
②		
③		
④		
⑤		
기타		

Block 3. ZOPA 설정

구분	D. 희망가격	T. 목표가격	W. 결렬가격
가격			
근거			

Block 4. BATNA 검토

구분	세부내용
우리	
상대방	

Block 5. 욕구 탐색

Position	Interest

Block 6. 창조적 대안 도출

구분	우리	상대방
Core Agenda		
Position		
Interest		
Creative Option		

Block 7. ZOPA 최적화

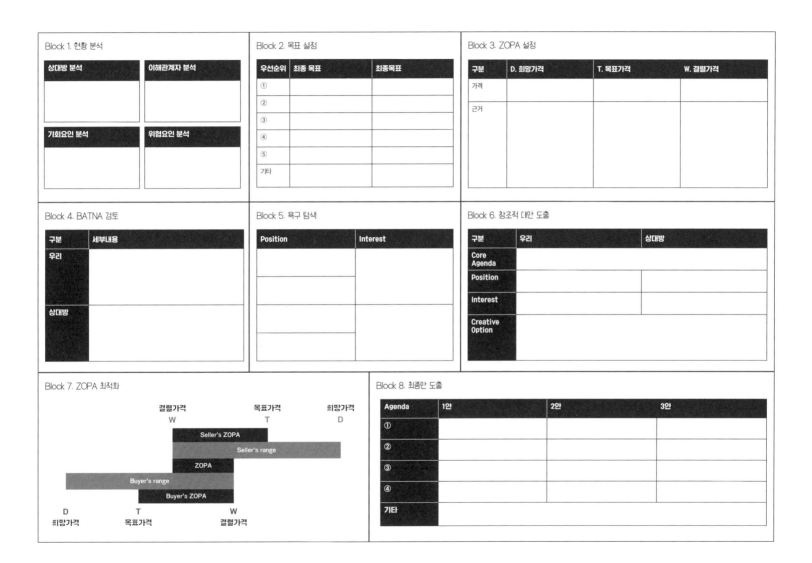

결렬가격 W / 목표가격 T / 희망가격 D

Seller's ZOPA
Seller's range
ZOPA
Buyer's range
Buyer's ZOPA

D 희망가격 / T 목표가격 / W 결렬가격

Block 8. 최종안 도출

Agenda	1안	2안	3안
①			
②			
③			
④			
기타			

8-BLOCK ^{N8M} NEGOTIATION MODEL

협상을 앞둔 모든 분께
이 책을 추천합니다.

N8M

비즈니스 협상 모델의 탄생

에잇 블록 협상 모델

인쇄	2023년 12월 22일
제1판 1쇄	2024년 1월 1일

지음	오명호, 김양수
발행인	엄혜경
발행처	애드앤미디어
등록	2019년 1월 21일 제 2019-000008호
주소	서울특별시 영등포구 도영로 80, 101동 2층 205-50호
	(도림동, 대우미래사랑)
홈페이지	www.addand.kr
이메일	addandm@naver.com
교정교안	애드앤미디어
디자인	얼앤똘비악 www.earlntolbiac.com

ISBN	979-11-982408-5-9(03000)

A 애드앤미디어는 당신의 지식에 하나를 더해 드립니다.